———————————— 님의 소중한 미래를 위해
이 책을 드립니다.

나는 더이상 휘둘리지 않기로 결심했다

나는 더이상 휘둘리지 않기로 결심했다

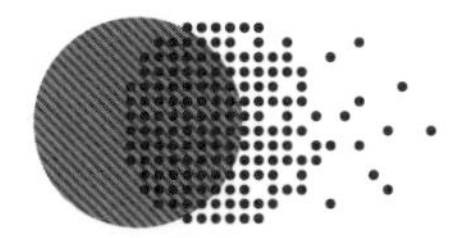

내 감정의 주권을 되찾고 싶을 때 꺼내 읽는 문장들

정영훈 지음

초록북스

초록북스

우리는 책이 독자를 위한 것임을 잊지 않는다.
우리는 독자의 꿈을 사랑하고,
그 꿈이 실현될 수 있는 도구를 세상에 내놓는다.

나는 더이상 휘둘리지 않기로 결심했다

초판 1쇄 발행 2026년 2월 20일 | **지은이** 정영훈
펴낸곳 (주)원앤원콘텐츠그룹 | **펴낸이** 강현규·정영훈
등록번호 제301-2006-001호 | **등록일자** 2013년 5월 24일
주소 04607 서울시 중구 다산로 139 랜더스빌딩 5층 | **전화** (02)2234-7117
팩스 (02)2234-1086 | **홈페이지** matebooks.co.kr | **이메일** khg0109@hanmail.net
값 17,000원 | **ISBN** 979-11-6002-447-0 03190

결단을 내리지 않는 것이야말로
최대의 해악이다

· 르네 데카르트 ·

내 인생의 운전대를
다시 잡으려는 당신에게

살다 보면 유독 몸이 무거운 날이 있다. 누군가의 부탁에 나도 모르게 "네"라고 답한 직후 명치끝이 답답해지거나, 무례한 농담에 같이 웃어주고 돌아오는 길에 뒷목이 뻣뻣하게 굳는 그런 날이다. 그때 우리 몸이 보내는 신호는 명확하다. 지금 내 경계가 무너지고 있다는 뜻이다.

하지만 우리는 그 신호를 애써 무시한다. 착한 사람이라는 평판을 지키고 싶어서, 혹은 갈등을 피하는 것이 더 안전하다고 믿기 때문이다. 필자는 상담가이자 중독치료자로 활동하며 수많은 마음의 고통을 마주해왔다. 하지만 고백하건대, 필자 역시 이 문제에서 완벽한 존재는 아니다. 관계 속에서 수없이 흔들리고, 단호하게 긋지 못한 선 때문에 밤잠을 설치며 스스로를 탓하는 당신과 똑같은 고민을 가진 한 사람일 뿐이다.

현장에서 지켜본 많은 이들이 관계의 흐름에 휩쓸려 자신을 탓하며 힘들어하고 있었다. 우리는 타인의 인정과 가짜 평화에 익숙해진 나머지, 스스로를 지우는 습관에 빠져든다. 타인에게 맞춰진 기본값에 길들여지면 우리의 영혼은 숨 쉴 공간을 잃게 된다.

흔히 내가 조금 더 참고 물러서면 모두가 행복해질 것이라고 생각한다. 하지만 내가 존재하지 않는 평화는 오래갈 수 없다. 관계를 위해 나를 버리는 방식은 결국 그 관계 안에서 나를 소외시킨다. 경계를 방치하는 것은 내 인생의 운전대를 타인에게 넘겨주는 것과 다름없다. 누군가는 당신의 양보를 고마워하기보다 당연한 권리로 여길 것이다.

이제는 익숙한 죄책감과 불안의 고리를 끊어내야 할 때다. 그래서 필자는 이 책을 통해 당신과 나 자신이 이 단호한 약속을 기억하기를 바란다. "이제 나는 더이상 휘둘리지 않기로 결심했다"

이 결심은 상대를 공격하겠다는 뜻이 아니다. 나라는 존재가 숨 쉴 최소한의 공간을 확보하고, 서로를 독립된 존재로 존중하며 공존하기 위한 전략이다. 이 책을 통해 당신은 그동안 무시해왔던 몸의 미세한 신호들에 다시 귀를 기울이게 될 것이다. 반사적으로 사과하고 물러나던 습관을 버리고, 내 감정의 주권을 되찾는 구체적인 연습을 시작하게 될 것이다.

당신이 거절해도 유지될 건강한 관계는 당신을 비난하는 대신 그 선을 존중하며 기다려준다. 반대로 거절 한마디에 무너질 관계라면, 그것은 당신의 희생으로만 유지되어 온 인연일 뿐이다. 타인의 리듬에 맞추느라 소모되었던 당신의 하루를 이제는 온전히 돌려받아야 한다. 내가 나를 존중하기 시작할 때, 세상 또한 내가 그어둔 선을 존중하기 시작한다.

이 책이 당신의 억눌린 내면에 새로운 숨길을 열어주기를 바란다. 다시는 자책하며 움츠러들지 않기를, 당신의 목소리가 관계 안에서 제자리를 찾기를 응원한다. 당신의 자리는 누구도 대신 정해줄 수 없다. 스스로 정의하고 지켜낼 때 가장 견고해진다. 필자 또한 그 길 위에서 당신과 함께 걷겠다.

정영훈

차례

1장   나는 왜 늘 참다가 휘둘리는가?

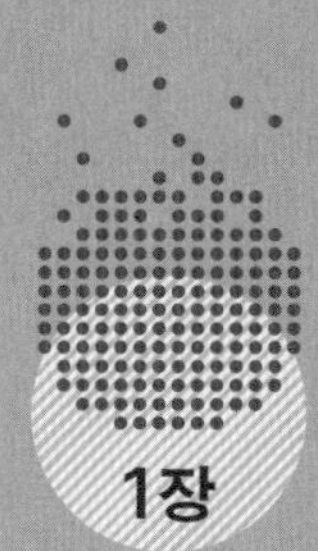

1장

나는 왜 늘 참다가
휘둘리는가?

- 참는 순간부터 관계의 중심은 넘어가다

우리가 거절하지 못하고 침묵을 택하는 이유는 갈등과 소외가 두려워 자신을 지워버리는 디폴트 효과와 유기 불안에 익숙해졌기 때문이다. 싫은 감정을 억누르고 내뱉는 괜찮다는 말은 정서 억제를 일으켜 사라지지 않은 감정들을 만성 피로와 무기력 같은 신체적 통증으로 축적시킨다. 관계의 경계는 문턱 효과를 통해 조금씩 잠식되며, 선을 긋지 않는 방관은 결국 자신의 영토를 타인에게 스스로 내어주는 결과를 초래한다. 화를 내기 전에 밀려오는 죄책감은 실제 잘못에 대한 증거가 아니라 분노를 금지당하며 살아온 과거의 심리적 브레이크일 뿐이다. 따라서 관계를 지키기 위해 나를 먼저 소모하는 습관을 멈추고, 짧은 거절의 한마디를 통해 자기 소진을 막고 삶의 주권을 되찾는 연습이 필요하다.

나는 거절 대신 침묵을 택하며 나를 뒤로 미뤄왔다
- 참는 사람이 항상 밀린다

은주 씨는 이번 주말이 부담스럽다. 시댁에 가자는 말이 나오자 몸이 먼저 무거워졌다. 숨이 깊게 쉬어지지 않고 가슴 언저리가 답답하다. 이번 주는 정말 쉬고 싶었다. 그런데 입에서는 늘 같은 말이 나온다. "네, 가야죠" 다녀오고 나면 쉰 느낌은 없고 더 지쳤다는 생각만 남는다.

민호 씨는 학부모 단체 채팅방을 열 때마다 한숨이 먼저 나온다. "이거 누가 맡을까요?"라는 메시지가 뜨면 그는 잠시 멈춘다. 손가락 끝이 굳고 심장이 불규칙하게 쿵 쾅거린다. 결국 이렇게 쓴다. "제가 할게요." 안 해도 되는 일이라는 걸 안다. 그래도 아무도 나서지 않는 그 공기를 그냥 두는 게 더 불편하다. 그렇게 그의 일정은 또 하나 늘어난다.

이 둘은 특별한 사람이 아니다. 우리 주변에서 흔히 볼 수 있는 모습이다. 하고 싶지 않은데 한다. 불편한데 맞춘다. 내 마음보다 상황을 먼저 본다. 이런 선택은 착해서가 아니라 갈등을 피하고 싶어서 나온다. 분위기가 깨질까 봐, 관계가 어색해질까 봐, 문제를 만드는 사람으로 보일까 봐 피하는 것이다. 30대, 40대가 되면 책임은 늘고 관계 하나 틀어지는 일은 생각보다 크게 느껴진다. 그래서 사람들은 쉽게 말한다. "이번만" "이 정도는 내가 참지"

하지만 그 '이번만'은 또 반복된다. 사람 마음에는 한 번 선택한 방식을 계속 유지하려는 성질이 있다. 심리학에서는 이를 '디폴트 효과(Default Effect)'라고 부른다. 처음에는 우연히 그렇게 했을 뿐인데, 몇 번 반복되면 그게 그 사람의 기본값이 된다. 바꾸는 것보다 유지하는 쪽이 훨씬 편해지기 때문이다. 그래서 처음에는 "한 번 도와준 것"이, 어느 순간부터는 "원래 네가 하는 일"이 된다.

은주 씨도, 민호 씨도 처음부터 맞추는 사람이 되려고 한 게 아니다. 다만 몇 번 고개를 끄덕였을 뿐이다. 그런데 그 몇 번이 쌓이면서 그 자리가 자기 자리로 굳어버렸다. 그래서 이런 생각이 든다. 나는 왜 늘 맞추는 쪽이 되는 걸까. 이 질문을 하는 사람들은 약한 사람이 아니다. 책임감이 강하고 관계를 깨고 싶지 않아 하고 남에게 민폐 끼치는 걸 몹시 싫어하는 사람들이다. 문제는 그 성향이 늘 자기 몫부터 줄이는 데 쓰인다는 것이다.

여기서 분명히 짚자. 말하지 않는 선택은 중립이 아니다. 그건 내 자리를 내주는 선택이다. 사람들은 반복되는 양보를 오래 고마워하지 않는다. 대신 그걸 그 사람의 성격으로 받아들인다. 처음에는 "정말 괜찮아요?"라고 묻던 일도 어느 순간부터는 묻지 않는다. 그렇게 관계는 소리 없이 한쪽으로 기운다.

이렇게 살면 겉으로는 큰 문제 없어 보인다. 하지만 속은 다르다. 늘 피곤하고 내 시간은 줄어들며 선택권은 점점 사라진다. 이유를 딱 잘라 설명하긴 어렵지만 분명히 느낀다. 나는 계속 손해보는 쪽에 서 있다는 느낌. 이게 낯설지 않다면 혼자만 그런 게 아니다. 정말 많은 사람들이 이렇게 산다. 그리고 대부분은 그 이유를 성격 탓으로 돌린다. 하지만 이건 성격 문제가 아니라 굳어버린 선택 방식의 문제다.

그래서 필요한 건 거창한 결심이 아니다. 성격을 고치는 일도 아니다. 딱 한 가지만 하면 된다. 자동으로 "네"라고 말하려는 순간에 멈추는 것.

관계는 한 번에 바뀌지 않는다. 하지만 기본값이 바뀌기 시작하면 관계의 방향은 달라진다. 그동안은 침묵이 나를 뒤로 밀어왔다면, 이제는 짧은 한마디가 나를 다시 앞으로 데려오기 시작한다. 그리고 그때부터 관계 안에서 내가 서 있을 자리가 생기기 시작한다.

✦ '자동 승낙'의 회로를 끊는 브레이크 문장

상대의 요구에 몸이 먼저 반응해 "네"가 나오려 할 때, 입술을 잠
깐 깨물고 이 문장을 꺼내세요. 싸움을 거는 것이 아니라 내 자리
를 찾는 연습입니다.

"잠깐만요. 제가 일정을 확인해보고 말씀드릴게요."
"그건 제가 지금 바로 결정하기가 어렵네요."
"이번 주말은 제가 꼭 해야 할 개인 일정이 먼저입니다."

싫은데도 괜찮다고 말하는 순간 내 마음은 사라진다
- 감정을 무시한 대가

지연 씨는 회사에서 "분위기 맞춰주는 사람"으로 통한다. 회식 자리가 잡히면 속으로는 이미 피곤하다. 그날은 아이를 일찍 데리러 가야 하는 날이기도 하다. 그래도 누군가가 "오늘 다들 괜찮죠?"라고 물으면, 지연 씨는 목구멍이 좁아지는 답답함을 느끼면서도 이렇게 말한다. "네, 괜찮아요." 집에 돌아가는 길에는 항상 같은 생각이 든다. 왜 나는 내 사정을 먼저 말하지 못했을까.

수현 씨는 친구들 모임에서 늘 비슷한 역할을 한다. 메뉴를 고를 때도, 장소를 정할 때도 "난 아무거나 좋아"라고 말한다. 사실은 싫은 것도 있고, 피하고 싶은 것도 있다. 웃고는 있지만 머리는 지끈거리며 두통이 시작된다. 하지만 괜히 까다로운 사람처럼 보일까 봐, 웃으면서 넘긴다. 모임이 끝나고 집에 오면 묘하게 기운이 빠져 있다. 재미있게 놀았는데도, 마음은 하나도 채워지지 않는다.

이 두 사람의 상황은 다르지만, 공통점은 분명하다. 싫은데도 괜찮다고 말한다. 불편한데도 웃는다. 마음이 하는 말과 입이 하는 말이 다르다. 이건 성격이 유난히 착해서 생기는 일이 아니다. 관계를 불편하게 만들고 싶지 않고, 분위기를 깨고 싶지 않아서 생기는 선택이다. 직장에서도, 가족 사이에서도, 인간관계에서도 "내 감정 하나쯤은 접는 게 편하다"는 계산이 먼저 나온다.

하지만 여기에는 분명한 대가가 따른다. 사람은 자기 감정을 계속 무시할 수 없다. 마음이 "싫다"고 신호를 보내는데도, 입으로는 계속 "괜찮다"고 말하면, 그 신호는 점점 더 세게 올라온다.

심리학에서는 이런 상태를 '정서 억제'라고 부른다. 즉, 느끼는 감정을 눌러두고, 없는 것처럼 행동하는 습관이다. 처음에는 관계를 부드럽게 만드는 것 같지만, 오래 갈수록 마음에 부담만 쌓인다.

지연 씨도, 수현 씨도 처음부터 자기 마음을 지우고 싶었던 건 아니다. 다만 몇 번 "괜찮아요"라고 말했을 뿐이다. 그런데 그게 반복되면서, 어느 순간부터 자기 감정을 참고 넘기는 게 기본값이 되어버렸다. 그래서 이런 상태가 된다. 겉으로는 늘 무난하고, 착하고, 문제없는 사람인데, 속에서는 자꾸 지친다. 이유 없이 예민해지고, 사소한 일에도 짜증이 난다. 그런데도 막상 "왜 힘드냐"고 물으면, 딱 잘라 말하기가 어렵다. 늘 이렇게 살아왔기 때문이다.

감정을 무시하면, 감정이 사라지는 게 아니다. 나중에 다른 방식으로 터져 나온다. 참고 넘긴 불편함은 피로로 남고, 억지로 웃은 감정은 무기력으로 돌아온다. 사람들은 그걸 또 성격 탓, 체력 탓, 나이 탓으로 돌린다. 하지만 실제로는 자기 마음을 너무 오래 무시해 온 결과인 경우가 많다.

많은 사람들이 이렇게 산다. 특히 "괜찮아요"라는 말을 너무 쉽게 하는 사람들일수록 그렇다. 그래서 여기서 필요한 건, 성격을 바꾸는 일이 아니다. 관계를 다 끊어내는 일도 아니다. 딱 한 가지만 하면 된다. 마음이 싫다고 말할 때, 그걸 한 번은 그대로 존중해주는 것이다.

처음에는 어색할 수 있다. 주변 사람이 놀랄 수도 있다. 하지만 분명한 건, 자기 감정을 존중하기 시작한 사람은 예전처럼 쉽게 지치지 않는다는 것이다. 관계는 조금 불편해질 수 있어도, 삶은 훨씬 덜 소모된다. 내 마음을 계속 무시하면서 편안한 관계를 유지하는 건, 결국 불가능하다. 관계보다 먼저 지켜야 할 건, 내 감정이다. 그걸 지키기 시작할 때, 비로소 삶이 다시 내 편으로 돌아오기 시작한다.

✦ 사라진 내 마음을 되찾는 거절의 기술

"괜찮다"는 거짓말이 튀어나오려 할 때, 아래 문장을 소리 내어 읽으며 감정의 주권을 되찾으세요. 분위기를 망치는 것이 아니라 내 인생을 존중하는 말입니다.

"이번에는 개인적인 사정이 있어서 참여하기 좀 힘들 것 같아요."
"그 메뉴는 제가 속이 좀 안 좋아서 다른 걸로 해도 될까요?"
"저는 이 선택이 더 편할 것 같습니다. 제 의견은 이래요."

착한 얼굴로 버티는 동안
선은 조금씩 무너진다
- 경계는 참는 사람부터 무너진다

혜진 씨는 팀에서 "웬만하면 다 맞춰주는 사람"으로 통한다. 처음에는 작은 부탁이었다. "이거 오늘만 대신 좀 해줄래요?" 한 번, 두 번은 정말 별일 아니었다. 부탁을 받을 때마다 체기가 올라오는 것 같았지만, 혜진 씨는 꿀꺽 삼켰다. 그런데 어느 순간부터는 "이건 혜진 씨가 하는 게 제일 빠르잖아요"라는 말이 자연스럽게 따라붙었다. 부탁은 점점 강도가 지나쳐, 당연히 혜진 씨가 해야 하는 일이 되었고, 거절은 점점 더 어려워졌다.

동훈 씨는 형과의 관계에서 늘 비슷한 자리에 서 있다. 처음에는 "이번만 네가 좀 봐줘"라는 말로 시작했다. 돈 문제, 아이 맡기는 문제, 집안일 문제까지. 그때마다 형이니까 크게 따지지 않고 넘겼다. 그런데 어느 순간부터, 형은 미리 묻지도 않는다. 그냥 통보한다. "이번 주말에 애 좀 맡아" 동훈 씨는 속으로는 불편하지만, 입으로는 또 이렇게 말한다. "그래, 알았어"

이 두 사람의 상황은 다르지만 흐름은 같다. 처음에는 작다. 조금 불편하지만 넘길 만하다. 그러다 어느새, 선이 한참 넘어가 있다. 문제는, 이 과정이 너무 조용하게 일어난다는 데 있다. 한 번에 크게 침범하는 경우는 드물다. 대신 아주 조금씩, 아주 천천히 넘어온다. 그래서 그때그때는 "이 정도쯤이야" 하고 넘기게 된다.

사람 마음에는 이런 특징이 있다. 작은 변화에는 쉽게 적응하고, 그게 쌓여도 잘 눈치채지 못한다. 심리학에서는 이를 '문턱 효과'라고 부른다. 처음에는 분명히 불편했던 것도, 조금씩 강도가 올라가면 어느 순간 "원래 이랬던 것"처럼 느끼게 되는 현상이다. 혜진 씨도, 동훈 씨도 처음부터 자기 선을 다 내줄 생각은 없었다. 다만 한 번, 또 한 번, "이번만" 하다 보니, 그 선이 조금씩 뒤로 밀려난 것이다. 그리고 어느 순간부터 그 선이 어디 있었는지도 잘 떠오르지 않게 된다.

그래서 이런 일이 생긴다. 누군가는 점점 더 쉽게 요구하고, 누군가는 점점 더 쉽게 참는다. 요구하는 쪽은 "이 정도는 괜찮은 줄 알았다"고 말하고, 참는 쪽은 "이제 와서 어떻게 말해"라는 생각에 더 침묵한다. 그렇게 관계 안의 위치는 고정된다.

여기서 분명히 말해두자. 선을 넘기는 사람만 문제가 있는 게 아니다. 선을 조금씩 뒤로 물린 쪽도, 그 구조 안에 들어가 있다.

이 말은 누구를 탓하자는 이야기가 아니다. 대부분은 싸우기 싫어서, 관계를 망치기 싫어서, 괜히 예민한 사람이 되기 싫어서 그렇게 했을 뿐이다. 문제는 그렇게 지킨

평화가 항상 나만 불편한 평화가 된다는 데 있다. 이렇게 살다 보면, 어느 순간부터 이런 생각이 든다. '왜 사람들은 나한테만 이렇게 함부로 할까' 하지만 그 질문은 절반만 맞다. 정확히 말하면, 나는 너무 오래, 너무 조용히 선을 내주고 있었던 것이다.

많은 사람들이 이렇게 자기 영역을 조금씩 잃어가며 산다. 그리고 대부분은 그걸 눈치챘을 때 이미 되돌리기 어려운 지점까지 와 있다. 그래서 필요한 건, 갑자기 크게 싸우는 일이 아니다. 딱 한 가지면 된다. 더 밀리기 전에 멈추면 된다.

처음에는 어색할 수 있다. 상대가 "왜 갑자기 그래?"라고 말할 수도 있다. 하지만 분명한 건, 선을 다시 그리지 않으면, 선은 계속 밀린다는 사실이다. 관계는 어느 쪽이 더 많이 버티느냐로 유지되는 게 아니다. 각자가 서 있을 자리가 분명할 때 유지된다. 그 자리를 지키기 시작하는 순간, 적어도 더이상 예전처럼 쉽게 휘둘리지는 않게 된다.

선이 이미 넘어왔을 때는 길게 설명할수록 밀립니다. 짧고 명확하게 당신의 영역을 선포하세요.

"죄송하지만, 그 부분은 제 업무 범위를 넘어선 일입니다."
"거기까지가 제가 도움을 드릴 수 있는 한계인 것 같습니다."
"이 문제는 여기까지 하는 게 좋겠습니다. 제가 할 수 있는 것은 여기까지입니다."

화를 내기도 전에 죄책감이 먼저 나를 붙잡는다
- 분노를 금지당한 사람의 심리

미정 씨는 회의 자리에서 자기 아이디어를 가로채는 동료를 보면서도 아무 말도 하지 못한다. 분명히 자기가 먼저 말한 내용인데, 누군가가 그걸 자기 것처럼 이야기한다. 속이 부글부글 끓어오르고 얼굴로 열이 오르지만, 입은 접착제로 붙인 듯 떨어지지 않는다. '괜히 문제 만들지 말자' '분위기만 이상해질 거야' 그렇게 참고 넘긴다. 회의가 끝나고 나면 화보다 먼저 드는 감정은 늘 비슷하다. '왜 또 아무 말도 못했지'라는 자책이다.

준호 씨는 아내와 다툴 때마다 이상한 순서로 감정이 올라온다. 분명히 서운하고 화가 났는데, 그걸 말하려고 하면 심장이 먼저 거세게 뛰고 손끝이 떨린다. '내가 너무 예민한 건가' '이 정도 일로 화내는 내가 이상한 건가' 그래서 결국 이렇게 말한다. "아니야, 괜찮아" 말을 뱉는 순간 가슴 한쪽이 뻥 뚫린 듯 허전하고 속이 메스꺼워진다. 그런데 괜찮지 않다. 그날 밤, 말하지 못한 말들이 계속 머릿속에서 맴돈다.

이 둘의 상황은 다르지만, 안쪽에서 일어나는 일은 같다. 화를 느끼기 전에, 먼저 스스로를 말린다. 따져도 될 일을, 내가 참아야 할 일로 바꿔버린다. 분노보다 죄책감이 먼저 튀어나온다. 이건 성격이 온순해서 생기는 일이 아니다. 많은 사람들은 어릴 때부터 "화를 내면 나쁜 사람" "참아야 어른" "분위기 망치면 문제 있는 사람"이라는 메시지를 듣고 자란다. 그러다 보니 화는 위험한 감정, 꺼내면 안 되는 감정처럼 느껴지는 것이다.

그래서 마음속에서 이런 일이 벌어진다. 화가 올라오기도 전에, 스스로에게 브레이크를 건다. 심리학에서는 이런 상태를 '분노 억압'이라고 부른다. 느끼는 화를 밖으로 내보내지 못하고, 안으로 눌러두는 습관이다. 문제는 눌러둔다고 해서 화가 사라지지 않는다는 데 있다. 미정 씨도, 준호 씨도 화를 잘 내고 싶어서 참는 게 아니다. 싸우고 싶지 않고, 관계를 망치기 싫어서 그럴 뿐이다. 하지만 그렇게 쌓인 화는 어디로 갈까. 대부분 자기 자신에게 돌아간다.

괜히 우울해지고, 예민해지고, 피곤해진다. 그러다 어느 날, 별것 아닌 일에 크게 폭발하거나, 아무 일도 하기 싫은 상태로 가라앉아버린다. 화는 나쁜 감정이 아니다. 화는 "여기까지는 싫다"는 신호다. 그 신호를 계속 무시하면, 내 안의 경계도 같이 흐려진다. 그러면 남들은 점점 더 쉽게 선을 넘고, 나는 점점 더 쉽게 나 자신을 탓하게 된다. "내가 참으면 될 일을 왜 이렇게 크게 받아들이지" "내가 문제야" 그렇게 문제는 항상 내 쪽이 된다.

이렇게 살면, 겉으로는 온순하고 좋은 사람인데 속은 늘 긴장 상태다. 항상 조심하고, 항상 참는다. 그리고 점점 더 자기 마음이 어디까지인지 모르겠어진다. 이게 낯설지 않다면, 혼자만 그런 게 아니다. 많은 사람들이 이렇게 살고 있다. 화를 내는 법을 몰라서가 아니라 화를 내면 안 된다고 너무 오래 배워온 사람들이다.

그래서 필요한 건, 성격을 거칠게 바꾸는 일이 아니다. 함부로 소리 지르는 사람이 되자는 이야기도 아니다. 딱 한 가지만 하면 된다. 화가 났다는 사실을, 먼저 스스로에게 인정하는 것이다.

화를 억누르지 않는다고 해서, 사람이 난폭해지는 건 아니다. 오히려 반대다. 자기 감정을 제때 말하는 사람일수록, 크게 터질 일이 줄어든다. 분노는 없애야 할 문제가 아니다. 다루는 법을 배워야 할 신호다. 그 신호를 다시 듣기 시작할 때, 관계에서도, 삶에서도 더이상 예전처럼 쉽게 말려들지 않게 된다.

✦ 죄책감 없이 분노를 표현하는 마법의 언어

화가 날 때 무작정 지르거나 참지 마세요. 상대의 행동이 '선'을 넘었다는 사실만 담백하게 전달하는 것부터 시작하세요.

"그 말은 제가 듣기에 좀 기분이 상하네요. 자제해주세요."
"방금 하신 행동은 제 경계를 넘으신 것 같습니다. 불편합니다."
"웃으면서 넘기기엔 제가 상처를 받았습니다. 다음부턴 그러지 마
　세요."

거절 한마디가
이별이 될 것만 같은 밤들
- 끊기는 게 두려워 말이 목에 걸린다

지연 씨는 친구 단체방에 올라온 약속을 보고 한참을 휴대폰만 들여다보고 있었다. 그날은 몸도 피곤했고 솔직히 집에서 쉬고 싶었다. 하지만 "이번에는 좀 쉴게"라는 말이 쉽게 나오지 않았다. 손바닥에 땀이 나고 심박 수가 빨라진다. 침을 삼키려 해도 목구멍이 바짝 말라붙어 아무 소리도 나오지 않는다. 그 말을 보내는 순간 대화방 공기가 바뀔 것 같았다. 누군가는 서운해할 것 같았고, 누군가는 "요즘 왜 이렇게 안 나오냐"고 말할 것 같았다. 결국 지연 씨는 아무 말도 하지 않았다. 그리고 그날 저녁 약속 장소로 나갔다.

수진 씨는 남편과의 대화에서 자주 말을 삼킨다. 하고 싶은 말이 없는 게 아니다. 쌓인 게 꽤 있다. 하지만 그 말을 꺼내면 분위기가 싸늘해질 게 뻔하다. 명치가 조여들고 배 안이 차갑게 식는 기분이 든다. 마치 살얼음판 위를 걷는 것처럼 온몸에 힘이 잔뜩 들어간다. 혹시나 그날 하루가 망가질까 봐, 혹시나 관계가 더 멀어질까 봐 그냥 넘긴다. "괜찮아"라는 말이 입에 먼저 붙어 있다.

이 두 사람의 공통점은 분명하다. 거절이 문제가 아니라 거절 뒤에 올 장면이 너무 무섭다. 이럴 때 머릿속에는 이런 장면들이 먼저 떠오른다. 저 사람이 실망하는 얼굴. 분위기가 싸해지는 순간. 관계가 예전 같지 않아지는 느낌. 혹시 아예 멀어지는 건 아닐지 모른다는 상상. 그래서 말은 입까지 올라왔다가 다시 내려간다. "싫어요" 대신 "괜찮아요"가 나오고, "이번엔 어려워요" 대신 "한번 볼

게요"가 나온다.

심리학에서는 이런 반응을 '유기 불안'과 연결해서 설명한다. 관계가 끊기는 걸 아주 큰 위험처럼 느끼는 사람일수록 갈등을 피하는 쪽으로 행동이 굳어진다. 거절은 단순한 의사 표현이 아니라 관계 전체를 위협하는 신호처럼 느껴지는 것이다. 그래서 지연 씨에게는 약속 하나를 빠지는 일이 그냥 일정 조정이 아니다. 혹시 이 사람들한테서 멀어지는 시작은 아닐까 하는 불안이다. 수진 씨에게도 한마디 꺼내는 건 의견 표현이 아니라 혹시 이 결혼이 더 틀어지는 건 아닐까 하는 두려움이다.

그러면 마음은 점점 이렇게 반응한다. 말을 꺼내기 전에 먼저 포기한다. 분위기를 깨느니 내가 접는 게 낫다고 생각한다. 관계를 지키기 위해 내 말을 접는 쪽을 선택한다. 여기서 많은 사람들이 이렇게 자신을 설득한다. 내가 좀 참으면 평화롭잖아. 괜히 말 꺼내서 사이 틀어질 필요 있나. 하지만 이 평화는 내가 말을 안 하는 조건으로만 유지되는 평화다.

대부분의 관계는 한 번 거절했다고 바로 끊어질 만큼 약하지 않다. 만약 정말 그 한마디로 끝나는 관계라면 그 관계는 애초에 내가 계속 맞춰줘야만 유지되는 구조였을 가능성이 크다. 물론 거절은 불편하다. 분위기가 잠깐 어색해질 수도 있다. 상대가 서운해할 수도 있다. 하지만 그 불편함이 관계가 끝난다는 뜻은 아니다. 오히려 관계가 현실적인 모양으로 조정되는 과정인 경우가 많다.

여기서 중요한 질문은 이것이다. 이 관계는 내가 계속 참아야만 유지되는 관계인가 아니면 내가 거절해도 남아 있을 수 있는 관계인가. 이 질문 앞에서 많은 사람들은 이미 답을 어느 정도 알고 있다. 그래서 더 무섭다. 거절이 무서운 게 아니라 거절했을 때 남는 게 없을지도 모른다는 생각이 무섭다.

하지만 아이러니하게도 이렇게 계속 참기만 하면 관계는 유지될지 몰라도 그 안에서 나는 점점 말을 잃어간다. 그리고 말이 사라진 관계는 점점 더 내가 없어도 돌아가는 구조로 바뀌어 간다.

거절 한마디가 이별이 될 것만 같은 밤들. 그 밤들을 지나며 한 가지는 분명해진다. 관계를 지키기 위해 내 말을 먼저 버리는 방식은 결국 그 관계 안에서 나를 점점 지워버리는 방향으로 간다.

✦ 거절 후 밀려오는 '관계 단절' 공포 다스리기

거절 후 심장이 뛰고 불안할 땐, 이 사실을 되새기세요. 거절은 이별 선언이 아니라 관계의 '건강한 간격'을 정하는 일입니다.

"내가 거절해도 좋은 관계는 나를 기다려준다."
"상대의 서운함은 상대의 몫이지, 내 잘못이 아니다."
"나는 오늘 거절함으로써 내일 더 기쁘게 이 사람을 만날 수 있다."

그렇게 나는
나를 조금씩 잃는다
- 참을수록 삶이 줄어든다

현아 씨는 늘 바쁘다. 회사에서도 바쁘고 집에서도 바쁘다. 그런데 이상하게도 "지금 내가 뭐 하는 거지"라는 생각이 자주 든다. 누가 부탁하면 일단 하게 되고 누가 필요하다고 하면 일정을 바꾼다. 그렇게 하루가 끝나면 피곤한데도 뿌듯하지가 않다.

승호 씨는 가족 모임에서 늘 중간 역할을 한다. 분위기가 어색해지면 말을 돌리고 누군가 기분이 상한 것 같으면 먼저 나서서 달랜다. 늘 승호 씨는 억지로 웃는다. 다들 "너 아니었으면 큰일 날 뻔했다"고 말한다. 그런데 집에 돌아오면 기운이 쭉 빠진다. 오늘 무슨 표정으로 있었는지 기억이 잘 안 난다.

이 두 사람의 공통점은 분명하다. 하루는 다 썼는데 정작 자기 자신은 거의 쓰지 않았다. 이 꼭지는 거절을 못 해서 힘든 이야기가 아니다. 늘 먼저 맞춘다, 늘 내가 조금 더 한다, 늘 내 일정은 뒤로 간다, 늘 내 기분은 나중이다. 이게 어느 날 갑자기 벌어지는 게 아니다. 하루씩 아주 조금씩 쌓인다.

처음에는 이렇게 생각한다. 내가 좀 더 하면 편해지겠지. 내가 참으면 일이 빨리 끝나겠지. 그런데 이 선택이 반복되면 생활의 기본값이 바뀐다. "이번만"이 "항상"이 된다. "내가 할게"가 "네가 하는 게 당연"이 된다.

심리학에서는 이런 상태를 '자기 소진'이라고 부른다. 에너지가 한 번에 무너지는 게 아니라 조금씩 계속 빠져나가는 구조다. 그래서 본인은 망가지고 있다는 걸 잘 모른다.

그냥 늘 피곤하고 늘 의욕이 없고 늘 귀찮아질 뿐이다.

현아 씨는 어느 날 문득 이런 생각이 들었다. "요즘 나는 뭘 좋아하는지 잘 모르겠어" 승호 씨도 비슷한 말을 했다. "예전에는 싫은 게 분명했는데 요즘은 그냥 다 괜찮은 것 같아" 이 말의 진짜 뜻은 이것이다. 괜찮아진 게 아니라 무뎌진 것이다. 자기 소진의 가장 무서운 점은 힘들다는 느낌보다 먼저 '나'가 희미해진다는 점이다. 하고 싶은 게 잘 안 떠오른다. 싫은 걸 싫다고 느끼는 감각이 둔해진다. 그냥 시키는 대로 하게 된다. 결정하는 게 귀찮아진다.

그러다 보면 삶은 점점 이렇게 바뀐다. 내가 선택하는 인생이 아니라 돌아가게 두는 인생이 된다. 여기서 많은 사람들이 이렇게 말한다. "다들 이렇게 사는 거 아니야" "이 정도면 책임감 있는 거지" 하지만 책임감과 자기 소진은 다르다. 책임감은 내 삶을 유지하면서 맡는 것이고 자기 소진은 내 삶을 줄이면서 버티는 것이다.

나는 지금 조금 피곤한 상태인가 아니면 조금씩 사라

지고 있는 상태인가. 참는 건 한 번에 나를 무너뜨리지 않는다. 대신 하루에 조금씩 나를 줄인다. 그래서 어느 날 문득 이런 순간이 온다. 내 인생인데 내가 왜 이렇게 구경꾼 같지. 이때 필요한 건 큰 결심이 아니다. 작은 우선순위 조정이다.

자기 소진에서 빠져나온다는 건 갑자기 이기적으로 사는 게 아니다. 내가 사는 자리에 다시 내가 들어오는 것에 가깝다. 그렇게 조금씩 자리를 되찾지 않으면 삶은 계속 굴러가는데 나는 계속 빠져 있는 상태로 남게 된다. 이것이 "그렇게 나는 나를 조금씩 잃는다"의 진짜 뜻이다.

✦ '나'를 되찾는 매일의 작은 우선순위 조정

에너지가 고갈되기 전에 나만의 '영토'를 확보하세요. 아주 사소한 선택 하나부터 나를 위해 쓰기 시작해야 합니다.

"오늘은 아무 약속도 잡지 않고 집에서 쉬겠습니다."
"그 부탁은 제가 지금 체력이 부족해서 들어드리기 어렵네요."
"이 시간만큼은 휴대폰을 끄고 오롯이 내 생각만 하겠습니다."

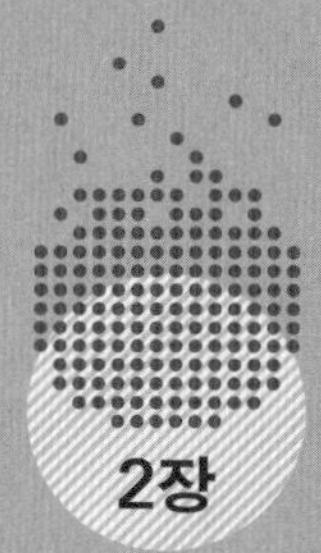

나는 왜 먼저 움츠러들고
상대에게 맞추는가?

- 이건 성격이 아니라 자동반응이다

관계에서 움츠러드는 행동은 소심한 성격 탓이 아니라 위험을 감지해 몸을 조이는 신경계의 자동 반응이다. 과거의 상처로 인해 아직 오지 않은 갈등을 미리 살아버리는 예기 불안이나 몸이 굳어버리는 동결 반응은 우리를 관계의 하위 순위에 고착시킨다. 이는 성격의 결함이 아니라 업데이트되지 않은 낡은 관계 지도를 따르고 있는 상태일 뿐이다. 따라서 성격을 고치려 애쓰기보다 몸이 자동으로 반응하려는 순간 한 박자 멈추는 연습을 통해 뇌에 새로운 선택지를 제공해야 한다. 사소한 메뉴 선택부터 자신의 의견을 섞어보는 작은 주권 행사가 반복될 때 비로소 타인에게 맞춰진 기본값을 나 중심으로 되돌릴 수 있다.

관계가 시작되면
나도 모르게 작아진다
– 이건 성격이 아니라 자동반응이다

유진 씨는 새 팀에 배치된 첫 주부터 몸이 이상하다는 걸 느낀다. 회의실에 들어가기만 하면 심장이 괜히 빨리 뛴다. 누군가 의견을 묻는 쪽으로 고개를 돌리면 가슴이 쿵 내려앉고 어깨가 딱딱하게 굳는다. 결국 이렇게 말하고 만다. "저는 괜찮습니다" 회의가 끝나면 늘 같은 생각이 든다. 왜 또 아무 말도 못 했을까. 그런데 다음 회의에서도 몸은 똑같이 먼저 굳는다.

현우 씨는 연애를 시작하면 이상하게 숨이 가빠지는 순간들이 잦다. 상대가 "이거 어때?" 하고 묻기만 해도 대답하기 전에 가슴이 먼저 조여 온다. 싫다고 말할 만큼 큰일은 아닌데 다른 의견을 말하려 하면 심장이 빨라지고 몸이 긴장한다. 괜히 분위기 깨질까 봐, 까다로운 사람으로 보일까 봐, 결국 이렇게 말한다. "난 괜찮아" 그렇게 몇 달이 지나면 나는 늘 상대 일정에 맞춰 움직이는 사람이 되어 있다.

이 두 사람의 상황은 다르지만 몸의 반응은 같다. 관계가 시작되면 심장이 먼저 긴장하고 몸이 먼저 굳는다. 숨이 얕아지고 말은 더 조심스러워진다. 그리고 그 다음에 생각이 따라온다. '그냥 맞추자' 이건 성격이 소심해서 생기는 일이 아니다.

사람의 뇌는 낯선 환경이나 새로운 관계를 만나면 먼저 여기가 안전한지를 살핀다. 조금이라도 위험할 수 있다고 느끼는 순간 생각보다 먼저 몸을 조인다. 심리학에서는 이를 '위협 민감화'라고 부른다. 실제로 큰 위협이 없어도 신경계가 먼저 경보를 울리는 상태다.

그래서 유진 씨도, 현우 씨도 의지가 약해서 그런 게 아니다. 머리로는 이 정도는 말해도 괜찮다고 생각하지만, 몸이 이미 긴장 모드로 들어가버린 상태일 뿐이다. 문제는 이 반응이 잠깐으로 끝나지 않는다는 데 있다. 처음에는 적응 기간이라고 생각하며 조금만 참는다. 그런데 시간이 지나도 몸은 계속 같은 자세를 유지한다. 그러는 사이 주변 사람들은 이렇게 인식한다. 저 사람은 조용한 사람이구나. 저 사람은 잘 맞춰주는 사람이구나. 그리고 그 인식이 그 사람의 자리로 굳어진다.

여기서 많은 사람들이 이렇게 생각한다. 내가 원래 이런 성격이니까. 하지만 이건 성격의 문제가 아니다. 몸에 남아 있는 반응의 문제다. 처음에 켜졌던 경보가 꺼지지 않은 채 계속 켜져 있는 상태에 가깝다. 나는 약해서 작아진 게 아니라 너무 오래 조심하는 모드로 살아온 것이다.

이렇게 살면 겉으로는 무난하다. 하지만 안쪽에서는 늘 긴장한다. 말 한마디 하기 전에 심장이 먼저 뛰고 결정하기 전에 몸이 먼저 굳는다. 그러다 보니 점점 자기 기준보다 상대 반응을 먼저 보는 사람이 된다. 그래서 이런 생각이 든다. 나는 왜 늘 맞추는 쪽일까. 하지만 그 자리는 우연히 온 게 아니다. 처음에 움츠린 채로 들어간 자리가 그대로 굳어진 것이다.

이건 신경계가 배운 반응의 문제다. 그리고 반응은 다시 배울 수 있다. 그래서 필요한 건 갑자기 대담해지는 일이 아니다. 성격을 뜯어고치는 일도 아니다. 한 가지만 하면 된다. 몸이 먼저 굳어질 때, 그 상태로 바로 들어가지 않고 한 번만 멈춰보는 것이다.

이렇게 말해보는 것이다. "저는 이렇게 생각합니다" "저는 이건 좀 다릅니다" "저는 이쪽이 더 좋습니다" 처음에는 심장이 더 빨리 뛸 수도 있고 숨이 더 가빠질 수도 있다. 그게 정상이다. 중요한 건 몸에게 다른 선택을 한 번이라도 경험하게 해주는 것이다. 그래야 뇌는 비로소 여기서 꼭 이렇게까지 긴장하지 않아도 되는구나 하고 다시 배운다.

관계는 처음 자리가 오래간다. 몸의 반응을 하나씩 다시 가르치기 시작할 때, 관계에서의 위치도 삶의 자세도 천천히 그러나 분명하게 달라지기 시작한다.

✦ 몸이 먼저 작아질 때 '나'를 확장하는, 한 문장

심장이 뛰고 몸이 움츠러들 때, 무조건 맞추는 대신 잠시 시간을 벌어보세요. 내 자리를 확보하는 가장 기초적인 연습입니다.

"저는 이 부분에 대해 조금 다르게 생각합니다."
"저도 의견이 있지만, 잠시 정리할 시간이 필요하네요."
"오늘은 제 컨디션상 이쪽 방향이 더 편할 것 같습니다."

갈등이 생길 것 같으면
벌써부터 기운이 빠진다
- 아무 일도 안 일어났는데 이미 지친다

서연 씨는 약속이 잡히는 순간부터 몸이 먼저 반응한다. 특히 조금이라도 불편한 이야기가 나올 수 있는 자리라면 더 그렇다. 약속 전날부터 머리가 멍해지고 생각이 많아졌다가 또 아무 생각도 안 나는 상태가 반복된다.

재훈 씨는 가족 모임이 있는 날이면 전날 밤부터 몸이 예민해진다. 아직 아무 말도 듣지 않았는데 가슴이 조여오고 숨이 짧아진다. 머릿속에서는 예전에 있었던 장면들이 자동으로 재생된다. 잔소리가 시작되던 얼굴, 그 앞에서 아무 말도 못 하던 자기 모습. 그런 장면이 떠오르는 순간 어깨가 굳고 등이 뻐근해지며 배에 힘이 들어간다.

상황은 다르지만 이 두 사람이 보여주는 반응은 같다. 어떤 일이 일어나기 전에 몸이 먼저 반응한다. 아직 시작도 안 했는데 이미 다 겪은 것처럼 지쳐 있다. 갈등은 오지도 않았는데 마음과 몸은 이미 한 번 무너졌다. 이건 유난히 부정적으로 생각해서 생기는 일이 아니다.

사람의 뇌는 과거에 힘들었던 경험을 기억해 두었다가 비슷한 상황이 올 것 같기만 해도 그 뒤에 벌어질 일을 미리 재생한다. 심리학에서는 이를 '예기 불안'이라고 부른다. 아직 오지 않은 일을 이미 겪고 있는 것처럼 먼저 살아버리는 상태다.

그래서 서연 씨도, 재훈 씨도 실제 상황보다 상상 속에서 더 많은 에너지를 먼저 써버린다. 이미 긴장했고 이미 지쳐 있다. 그러니 정작 그 자리에 가기도 전에 몸이 먼저 버거워질 수밖에 없다. 문제는 이게 한두 번으로 끝나지 않는다는 데 있다. 이런 경험이 반복되면 사람들은 점점 더 상황이 오기 전부터 마음을 접는 쪽을 선택한다. 기대하지 않고 말하지 않고 그냥 넘어갈 준비부터 한다.

그러는 사이 주변 사람들은 이렇게 인식한다. "저 사람은 원래 그런 이야기 싫어해" "저 사람은 조용히 넘어가는 스타일이야" 그리고 그 자리가 또 굳어진다. 여기서 많은 사람들이 이렇게 생각한다. '내가 원래 예민해서 그래' '내가 스트레스를 잘 못 견뎌서 그래'

하지만 이건 성격의 문제가 아니다. 과거의 장면을 너무 자주, 너무 빨리 불러오는 마음의 습관에 가깝다. 이렇게 살면 어떤 일이 생길까. 아직 시작도 안 한 일에 이미 기운이 빠져 있다. 말을 꺼내기도 전에 지치고 부딪쳐 보기도 전에 물러난다. 그래서 실제로 힘든 일보다 미리 걱정하느라 소모되는 힘이 더 많아진다.

사람들은 그걸 또 이렇게 해석한다. "나는 원래 에너지가 없는 사람인가 보다" 하지만 실제로는 에너지가 없는 게 아니라 아직 오지도 않은 일을 미리 다 살아내느라 이미 탈진해 있는 경우가 많다.

미리 겪는 고통은 실제 고통을 줄여주지 않는다. 대부분은 그냥 고통을 두 번 겪게 만들 뿐이다. 그래서 필요한 건 긍정적으로 생각하는 사람이 되는 게 아니다. 대신 머릿속에서 벌어지고 있는 일을 '아직은 상상일 뿐'이라고 한 번 구분해주는 것이다. 그리고 자신에게 물어보자. "사실은 무엇인가?"

그리고 이렇게 스스로에게 말해보는 것이다. "이건 아직 일어나지 않았다" "지금은 그냥 생각일 뿐이다" "정말 힘들어질지는 그때 가서 봐도 된다" 많은 사람들은 갈등이 생길지 모른다는 생각 때문에 삶의 장면들을 시작도 하기 전에 내려놓는다.

하지만 실제 인생은 미리 걱정한 만큼 힘들어지는 경우보다, 생각보다 별일 없이 지나가는 경우가 훨씬 더 많다. 아직 오지 않은 일을 아직 오지 않은 일로 두는 것. 그것만으로도 사람 앞에서, 관계 앞에서, 삶 앞에서 쓸데없이 먼저 줄어드는 일은 분명히 줄어들기 시작한다.

✦ 미리 살아버리는 '걱정의 예행연습' 멈추기

아직 일어나지 않은 대화 때문에 몸이 지칠 때, 이 말을 스스로에게 건네세요. 상상과 현실의 경계선을 긋는 가장 빠른 주문입니다.

"이건 지금 내 머릿속에서 상영되는 영화일 뿐이다."
"그때는 힘들었지만 지금의 나는 그때보다 단단하다."
"어떤 상황이 오든, 나는 그때 가서 충분히 대처할 수 있다."

말 한마디에
몸이 먼저 굳어버린다
- 생각보다 몸이 먼저 반응한다

민정 씨는 회의에서 자기 이름이 불리는 순간 머릿속이 하얘진다. 방금 전까지 무슨 이야기를 했는지도 흐릿하다. 숨이 턱 막히고 가슴이 꽉 죄어오는 느낌이 든다. 결국 준비한 말의 반도 못 하고 얼버무리듯 끝낸다. 자리에 앉고 나서야 손에 땀이 나 있는 걸 느낀다.

도윤 씨는 갈등 기운이 느껴지는 순간 몸이 먼저 멈춘다. 상대가 조금만 목소리를 낮춰도 그는 갑자기 아무 말도 못 하게 된다. 심장은 크게 뛰는데 몸은 얼어붙은 듯 움직이지 않는다. 머릿속에서는 '뭔가 말해야 할 것 같은데'라는 생각이 스치지만 입에서는 아무 말도 안 나온다. 상황이 끝난 뒤에야 "그때 이렇게 말할 걸" 하는 생각이 몰려온다.

이 두 사람의 공통점은 위험하다고 느끼는 순간 몸이 먼저 멈춰버린다는 점이다. 도망치지도 맞서지도 못하고 그냥 굳어버린다. 사람의 신경계에는 몇 가지 기본 반응이 있다. 싸우거나, 도망치거나, 아니면 멈춘다. 심리학에서는 이 세 번째 상태를 '동결 반응'이라고 부른다. 너무 갑작스럽게 위협처럼 느껴지는 상황이 오면 몸이 판단하기 전에 일단 멈춰버리는 반응이다.

민정 씨도, 도윤 씨도 일부러 말을 안 하는 게 아니다. 생각이 없어서 그런 것도 아니다. 몸이 먼저 브레이크를 걸어버린 상태에 가깝다. 문제는 이 반응이 반복되면 마음이 거기에 맞춰 변하기 시작한다는 데 있다.

"나는 이런 자리에서 말을 잘 못 하는 사람인가 보다"

"나는 압박받으면 얼어버리는 사람인가 보다" 이렇게 스스로를 규정한다. 그러면 다음번에는 몸이 굳기 전부터 마음이 먼저 물러선다. '어차피 또 말을 못 할 텐데' 그렇게 아예 시도조차 하지 않게 된다.

이렇게 되면 겉으로는 조심성 많고 말수 적은 사람처럼 보인다. 하지만 안쪽에서는 다르다. 말하지 못한 말들이 계속 쌓이고, 상황이 끝난 뒤에 혼자서 장면을 되돌려보며 자신을 탓한다. 감정은 화보다 무력감 쪽으로 더 많이 기운다. 많은 사람들이 이렇게 생각한다. '내가 말주변이 없어서 그래' 하지만 이건 성격의 문제가 아니다. 몸이 위험 신호로 오해하고 먼저 멈춰버리는 반응의 문제다.

이 반응은 과거의 경험에서 배운 경우가 많다. 한때는 그게 나를 지켜주는 방식이었을 수도 있다. 말하지 않고 눈에 띄지 않는 게 가장 안전했던 시절이 있었을지도 모른다. 그때 몸이 배운 전략이 지금도 자동으로 작동하고 있는 것이다. 이렇게 살면 말해야 할 자리에서 빠지고, 결정해야 할 순간에 뒤로 물러난다.

그러다 보니 관계 속에서 존재감이 점점 얇아진다. 사람들은 그를 '조용한 사람'으로 기억하고, 본인은 "역시 나는 이런 자리에 어울리지 않아"라고 확신하게 된다.

여기서 중요한 건 의지로 억지로 고치려 하지 않는 것이다. "다음엔 꼭 말해야지"라고 다짐해도 몸의 반응은 바로 바뀌지 않는다. 필요한 건 현실적인 접근이다. 몸이 굳는 걸 느끼는 순간, 그런 자신을 알아차리는 것이 먼저다. 그 순간 자신의 숨에 집중하는 것도 좋다.

처음에는 이 정도면 충분하다. 중요한 건 몸에게 새로운 경험을 주는 것이다. 멈췄지만 완전히 사라지지는 않았다는 경험, 굳었지만 그래도 조금은 움직일 수 있었다는 경험이다. 동결 반응은 위험이 줄어들면 서서히 풀린다. 그리고 다른 선택을 해볼 때 변하기 시작한다.

말 한마디에 굳어버리는 삶은 많은 기회를 조용히 흘려보낸다. 하지만 이 반응이 몸의 자동 기능이라는 걸 이해하는 순간, 자신을 덜 미워하게 되고 조금씩 다시 말을 꺼낼 수 있는 자리를 만들어가기 시작한다.

✦ 얼어붙은 몸을 깨우는 한 문장 연습

몸이 굳고 머릿속이 하얘질 때는 완벽한 대답을 찾으려 하지 마세요. 대신 이 문장 중 하나만 소리 내어보세요. 신경계의 긴장을 푸는 첫 신호가 됩니다.

"잠깐만요. 제가 정리해서 말씀드릴게요."
"그 질문은 조금 더 생각해보고 답해도 될까요?"
"지금은 바로 답하기가 어렵네요. 잠시만 시간을 주세요."

버림받지 않기 위해
내 욕구를 접어두는 법을 배웠다
- 맞추는 게 안전하다고 배웠다

선아 씨는 사람을 만나기 전부터 머릿속으로 시나리오를 짠다. 이 말을 하면 기분 상하지 않을까, 저걸 말하면 분위기가 깨지지 않을까. 가슴 한구석이 쿡쿡 아프고 턱 근육이 긴장으로 굳어가는데도, 그녀는 계속 가장 무난한 답을 고른다. 그래서 입 밖으로 나오는 말은 늘 같다. 메뉴를 고를 때도 약속 시간을 정할 때도 "난 아무거나 좋아"가 먼저 나온다. 마음속에는 분명 원하는 게 있는데 말하는 순간 뭔가 잃을 것 같은 느낌이 든다.

기호 씨는 회사에서 상사가 부탁을 하면 거의 자동으로 "네"라고 대답한다. 일정이 꽉 차 있어도, 무리라는 걸 알아도 거절하는 순간 관계가 멀어질까 봐 입이 먼저 움직인다. 그 말을 뱉는 순간 가슴이 답답하지만 그는 애써 웃는다. 집에 돌아와서야 "왜 또 그랬지" 하고 혼자 되뇐다.

이 두 사람의 공통점은 상대를 편하게 하는 쪽으로 나를 먼저 접는다는 점이다. 갈등을 피하려고 내 욕구를 지운다. 이건 착해서 생기는 일이 아니다. 사람의 신경계에는 위험을 느끼면 살아남기 위해 쓰는 자동 전략이 있다. 맞서기보다 달래고 맞추는 쪽으로 자신을 보호하려는 반응이다.

선아 씨도, 기호 씨도 일부러 자기 인생을 희생하는 게 아니다. 몸과 마음이 '이렇게 하는 게 안전하다'고 배워온 방식대로 움직일 뿐이다. 문제는 이 전략이 관계를 잠깐 부드럽게는 만들어도, 나를 계속 뒤로 밀어낸다는 데 있다. 몇 번 맞추다 보면 그 자리가 내 기본 위치가 되고 사람들은 나를 "편한 사람"으로 기억한다. 그때부터 안에서 감정이 쌓인다. 겉으로는 웃는데 속으로는 서운하다. 말하면 관계가 깨질까 봐 또 삼킨다.

그래서 화는 밖으로 나가지 못하고 안쪽에서 나를 향한다. "왜 나는 이것도 못 말하지" "왜 나는 늘 이 모양이지" 많은 사람들은 "내가 너무 착해서 그래"라고 말하지만, 이건 성격 미담이 아니라 한때 관계를 잃지 않기 위해 배운 생존 방식이 계속 작동하는 경우가 많다. 특히 어릴 때부터 분위기를 살피며 자라온 사람들에게서 자주 보인다. 그때는 최선이었지만, 지금도 그대로 쓰면 삶의 주도권이 줄어든다.

겉으로는 원만해 보인다. 하지만 안쪽에서는 내가 점점 사라진다. 무엇을 먹고 싶은지, 어디에 가고 싶은지, 무엇을 하고 싶은지 흐릿해진다. 사람들은 그걸 "나는 원래 욕심이 없나 보다"라고 해석하지만, 욕심이 없는 게 아니라 오래 접어두는 데 익숙해진 경우가 많다. 여기서 필요한 건 갑자기 이기적인 사람이 되는 게 아니다. 작은 선택 하나에서 내 쪽을 먼저 한 번 넣어보는 것이다.

"나는 이게 더 좋아" "이번엔 이건 좀 어렵겠어" "나는 이렇게 하고 싶어" 처음에는 입에 잘 안 붙고 말하는 순간 불안해질 수도 있다. 하지만 관계가 정말로 안전하다면 이 말 몇 마디로 무너지지 않는다는 걸 몸이 다시 배우게 된다. 맞추는 걸 줄인다고 사람을 잃는 건 아니다. 오히려 그렇게 하지 않으면 결국 내가 먼저 사라진다. 내가 조금씩 다시 생기기 시작할 때, 나는 편한 사람이 아니라 존재하는 사람으로 남게 된다.

✦ '아무거나' 대신 '나는'을 넣어 말하기

상대 기분을 상하게 할까 봐 욕구를 숨기는 습관을 깨보세요. 메뉴나 시간 같은 사소한 선택부터 내 쪽을 섞어보는 연습입니다.

"저는 오늘 중식이 더 먹고 싶네요."
"저는 그 시간보다는 한 시간쯤 늦게가 편할 것 같아요."
"저도 의견이 있어요. 이번엔 제가 알아본 곳으로 가볼까요?"

편안해야 할 자리에서도
눈치가 먼저 나온다
- 안전해도 안 풀린다

영지 씨는 오래 알고 지낸 모임에 가는 날에도 몸이 먼저 바빠진다. 딱히 불편한 사람이 있는 것도 아닌데 자리에 앉기만 하면 허리가 곧게 세워지고 주변 소리에 예민해진다. 눈가 근육이 떨리고 누가 말을 끊지는 않는지 분위기를 계속 살피면서 대화를 이어간다. 집에 돌아오면 몸은 이상하게 더 피곤하다.

상우 씨는 가족끼리 편하게 밥을 먹는 자리에서도 마

음이 놓이지 않는다. 다들 웃고 있는데도 다음 장면을 미리 본다. 혹시 말이 세게 나오지 않을지, 혹시 분위기가 틀어지지 않을지. 그럴 때마다 심장이 불규칙하게 뛴다. 별일 없이 끝나도 집에 오는 길에는 기운이 빠진다. 아무 일도 없었는데 계속 긴장했기 때문이다.

이 두 사람이 겪는 건 개인 성향을 넘어선 신경계 반응이다. 위험한 자리가 아닌데도 몸과 마음은 계속 주변을 살핀다. 편안해야 할 자리에서도 경계 모드가 꺼지지 않는다. 사람의 신경계는 한동안 긴장 상태로 살아오면 안전 신호가 와도 쉽게 풀리지 않는다.

심리학에서는 이런 상태를 '과잉경계'라고 부른다. 실제 위험이 없어도 위험이 있을지 모른다는 전제에서 계속 감시하는 상태다.

영지 씨도, 상우 씨도 일부러 까다롭게 구는 게 아니다. 한동안 조심해야 했던 몸의 습관이 아직 제자리로 돌아오지 못한 것이다. 예전에 분위기가 틀어지면 크게 힘들어졌거나 말 한마디가 오래 남는 경험이 반복되었다면 몸은

"괜히 방심하지 말자" 쪽으로 기본 설정을 잡아둔다.

문제는 이 기본 설정이 쉬는 자리에서도 쉬지 못하게 만든다는 데 있다. 겉으로는 웃고 고개를 끄덕이지만 안쪽에서는 계속 계산한다. 이 말은 해도 되는지, 지금 분위기는 어떤지.

그러다 보니 모임이 끝나면 즐거움보다 피로가 남는다. 편안한 자리에 가도 먼저 긴장하고, 마음을 풀었다가 상처받을까 봐 처음부터 반쯤 접어둔다. 그래서 사람들과 함께 있어도 완전히 거기 있지 못한 느낌으로 돌아온다. 많은 사람들이 "내가 원래 예민해서 그래"라고 말하지만, 타고난 예민함이라기보다 오래 긴장했던 몸이 아직 풀 줄 모르는 상태에 가깝다.

이 상태가 길어지면 사람 만나는 일이 점점 귀찮아진다. "나가면 더 피곤하니까"라는 말이 쉬워진다. 여기서 중요한 건 억지로 편해지려고 애쓰는 게 아니다. 몸은 그런 다짐에 잘 반응하지 않는다. 필요한 건 조금씩 '지금은 괜찮다'는 경험을 쌓아주는 것이다.

예를 들면 분위기를 다 관리하지 않고 말이 잠깐 끊겨도 그냥 두어보기. 모두의 표정을 다 읽지 않고 내 접시에만 잠깐 집중해보기. 대화 중간에 숨을 길게 쉬고 어깨 힘을 풀어보기. 아주 작은 행동이면 충분하다. 중요한 건 몸에게 지금은 감시하지 않아도 된다는 신호를 조금씩 주는 것이다.

과잉경계는 한순간에 꺼지지 않지만, 계속 켜진 채로 살아갈 필요도 없다. 안전한 자리에서조차 긴장하는 삶은 많은 기쁨을 놓친다. 풀리는 연습이 시작되면 다시 알게 된다. 편안한 자리는 정말로 편안해도 된다는 걸.

✦ 감시 모드를 끄는 '시각 분산' 연습

모두의 표정을 읽으려 하지 마세요. 신경계를 안심시키려면 시선을 좁혀야 합니다.

- 내 앞의 커피잔이나 음식 색깔에 30초 집중해보기
- 정적이 와도 억지로 채우지 말고 호흡을 세 번 깊게 하기
- 몸이 굳는 걸 느끼면 손가락을 하나씩 부드럽게 쥐었다 펴기

나는 여전히 어린 시절의 방식으로 사람을 만난다
– 관계 습관은 오래된 것이다

지현 씨는 누군가와 조금만 가까워져도 마음이 먼저 바빠진다. 상대가 기분 나빠 하지는 않는지, 혹시 실망하지는 않는지 자꾸 되짚는다. 가슴이 답답하고 뒷목이 뻐근해지며 머리가 지끈거린다. 집에 돌아와서는 끝난 대화를 몇 번이나 다시 떠올린다. 몸은 가만히 있는데 마음은 계속 혼나는 기분이다.

기현 씨는 누군가와 의견이 엇갈릴 것 같으면 그 순간

부터 몸이 먼저 조용해진다. 굳이 말하지 않아도 될 쪽을 고른다. 가슴속이 텅 빈 것처럼 허전하고 입술은 바짝 말라붙는다. 예전부터 그게 편했다. 말을 안 하면 일이 커지지 않았고, 그렇게 지나가면 하루는 끝났다.

이 두 사람의 공통점은 지금 사람을 만나고 있지만 몸과 마음은 예전 방식으로 반응한다는 점이다. 어릴 때 어떤 환경에서 관계를 배웠는지는 오래 남는다. 늘 눈치를 봐야 했던 집, 기분이 언제 바뀔지 몰라 조심해야 했던 어른, 조용히 있으면 덜 힘들었던 분위기. 그런 환경에서 사람들은 이렇게 생각한다. '가만히 있으면 안전하다' '맞추면 덜 다친다'

심리학에서는 이런 오래된 관계의 틀을 '관계 스키마'라고 부른다. 사람을 만날 때 자동으로 꺼내 쓰는 오래된 지도 같은 것이다. 문제는 이 지도가 지금의 삶과 맞지 않아도 계속 사용된다는 데 있다.

그래서 지현 씨는 지금 만나는 사람들이 특별히 무섭지 않은데도 늘 평가받는 느낌으로 관계를 맺는다. 기현 씨도 지금은 말해도 되는 자리인데 예전처럼 조용히 넘어가는 쪽을 고른다. 머리로는 "이 사람은 다를 수도 있다"는 걸 알면서도 몸은 옛 규칙대로 움직인다.

그러다 보니 오해를 많이 받는다. "내가 원래 예민한가 보다" "나는 원래 관계가 힘든 사람인가 보다" 하지만 많은 경우 아직 업데이트되지 않은 관계의 지도 때문이다. 이 지도는 한때 필요했다. 그 방식 덕분에 버텼고 상처를 피했을지도 모른다. 문제는 길이 바뀌었는데도 예전 지도를 계속 들고 있다는 것이다.

이렇게 살면 관계를 늘 조금 부족한 자리에서 시작한다. 친해질수록 편해지는 게 아니라 더 피곤해진다. 그리고 그 피로를 "역시 나는 사람 만나는 게 체질이 아니야"로 해석한다. 하지만 지금의 관계를 옛날 방식으로 만나고 있어서 더 힘든 경우가 많다. 여기서 중요한 건 과거를 탓하는 게 아니다. "아 내가 아직도 이 지도를 쓰고 있구나" 하고 알아차리는 게 먼저다.

그래서 필요한 건 아주 작은 점검이다. 이 사람은 정말 예전처럼 조심해야 할 사람일까. 이 상황은 정말 가만히 있어야만 지나가는 자리일까. 지금의 나는 그때의 나와 같은 처지일까. 이 질문을 한 번만 던져도 자세는 달라진다.

그리고 작은 선택 하나를 바꿔보는 것이다. 늘 참던 자리에서 한 마디만 더 해보기. 늘 맞추던 순간에 "나는 이렇게 하고 싶어"라고 말해보기. 늘 뒤로 물러나던 상황에서 자리를 조금만 더 지켜보기. 대단한 변화는 아니지만, 몸과 마음에게 '이제는 다른 길도 있다'는 걸 경험하게 해준다.

관계 스키마는 하루아침에 바뀌지 않는다. 하지만 계속 같은 길로만 다닐 필요도 없다. 조금씩 다른 길을 써보기 시작하면 지도도 천천히 바뀐다. 우리는 지금의 사람들을 만나면서도 옛날 방식으로 반응하고 있었다. 그리고 그 반응은 성격이 아니라 배운 것이다. 배운 건 다시 배울 수 있다.

✦ 낡은 관계의 지도를 업데이트하는 법

지금 마주한 사람을 과거의 인물과 분리하세요. 현재를 객관적으로 보는 질문이 필요합니다.

"지금 내 눈앞의 이 사람은 그때 그 사람인가?"
"지금의 긴장은 현재 때문인가, 과거 기억 때문인가?"
"지금의 나는 그때보다 선택권이 더 많지 않은가?"

3장

나는 왜 항상
방어하는 쪽에 서 있는가?

- 판이 이미 기울어져 있기 때문이다

무례한 사람들은 농담이라는 방패 뒤에 숨어 상대의 선을 조금씩 넓혀 들어오는 경계 침식의 전략을 사용한다. 이에 대응하지 못하고 침묵을 선택하면 상대는 선을 넘는 것을 권리로 인식하게 되고, 결국 남는 것은 자신을 향한 자책과 짜증뿐이다. 누군가 죄책감을 유도하며 책임을 전가하거나 사과 없이 상황을 끝내려 할 때 사실 확인의 질문을 던져 책임의 소재를 명확히 짚어내야 한다. 특히 설명이 길어질수록 변명처럼 들려 대화의 주도권을 잃게 되므로 짧고 단호하게 자신의 입장을 전하는 것이 중요하다. 방어하는 자리에서 벗어나 대화의 출발선을 다시 놓는 연습이 관계의 기울어진 판을 바로잡는 시작이다.

어떤 사람은 선을 넘고도
아무 일 없다는 듯 웃는다
- 선 넘는 사람의 방식

미경 씨는 회의가 끝나고 나서야 그 말이 마음에 걸린다. 상사가 농담처럼 던진 한마디였다. "요즘 표정이 왜 그렇게 어둡지, 집에 무슨 일 있어?" 다들 웃었고, 분위기는 금방 넘어갔다. 그 순간에는 아무 말도 못 했다. 그런데 자리로 돌아와 보니 가슴이 답답해지고, 머리가 멍해진다. 왜 그 말을 굳이 거기서 했을까. 왜 나는 웃고 넘겼을까. 항의하기에는 너무 사소한 것 같고, 그냥 넘기기에는 분명히 불편하다. 하지만 이미 끝난 일이다. 그날 하루 종일, 미경 씨는 자기 얼굴을 몇 번이나 떠올리며 더 움츠러든다.

정민 씨는 오랜 친구와 술자리를 가진 날, 또 비슷한 기분으로 집에 돌아온다. 친구는 늘 "너는 그래서 문제야"라는 말을 웃으면서 한다. 이번에도 그랬다. "너는 왜 이렇게 결정이 느리냐, 그래서 인생이 재미없는 거야" 다들 웃고 넘겼다. 정민 씨도 웃었다. 그런데 집에 와서 샤워를 하다가 문득 화가 올라온다. 심장이 귓가에서 울릴 정도로 거세게 뛰고, 주먹을 꽉 쥔 손가락 끝이 미세하게 떨린다. 그 말은 조언이 아니라 그냥 깎아내리는 말이었다. 그런데도 그는 그 자리에서 아무 말도 하지 않았다. 괜히 분위기 망치기 싫어서, 괜히 예민한 사람이 되기 싫어서.

이 두 사람의 공통점은 분명하다. 상대는 선을 넘었는데, 아무 일 없다는 듯 웃고 있다. 그리고 불편함은 전부 내 쪽에 남는다. 이런 사람들은 대개 이렇게 행동한다. 조금 무례한 말을 던진다. 상대가 불편해하는 기색을 보여도, "아, 농담이야" 하고 넘긴다. 그리고 그 자리를 문제없이 빠져나온다. 문제는, 그 뒤에 남는 사람이다. 그 말이 계속 머릿속에서 맴돌고, 몸은 더 움츠러들고, 다음 만남에서는 더 조심하게 된다.

심리학에서는 이런 식으로 조금씩 상대의 선을 넓혀 들어오는 과정을 '경계 침식'이라고 부른다. 한 번에 크게 넘지 않는다. 애매하게, 웃으면서, 문제 삼기 어렵게 조금씩 들어온다. 그래서 당하는 쪽은 매번 이렇게 느낀다. '이 정도 가지고 뭐라고 하긴 좀 그렇지.'

그러다 보면, 어느 순간에는 내가 지켜야 할 선이 어디였는지 헷갈리게 된다. 미경 씨도, 정민 씨도 처음부터 그 자리가 불편했던 건 아니다. 다만 한 번, 두 번, 그렇게 넘어가다 보니, 어느새 상대는 점점 더 편하게 말하고, 본인은 점점 더 조심하게 되었다. 그 사이에 관계의 위치가 조금씩 바뀐 것이다.

여기서 많은 사람들이 이렇게 생각한다. '내가 예민한가?' '그 정도 말도 못 받아들이나?' '괜히 분위기 망친다고 할까?' 하지만 이건 예민함의 문제가 아니다. 선을 넘은 말은, 선을 넘은 말이다. 문제는 그걸 문제로 만들지 못하는 구조다.

이 구조는 이렇게 굳어진다. 상대는 한 번 선을 넘고, 나는 참는다. 상대는 "괜찮네" 하고 더 선을 넘는다. 나는 또 한 번 참는다. 그러다 보면 어느 순간부터 상대는 선을 넘는 게 자연스러워지고, 나는 불편해하는 게 이상한 사람이 된다.

이렇게 되면 감정 패턴도 바뀐다. 그 자리에 있을 때는 웃고 넘긴다. 집에 와서는 계속 곱씹는다. 그리고 다음에 만날 생각을 하면, 괜히 마음이 무거워진다. 화는 밖으로 못 나가고 안에서만 맴돈다. 그러다 보면 화는 점점 자기 자신을 향한 짜증으로 바뀐다. "왜 그때 아무 말도 못 했지" "왜 나는 항상 이런 식이지"

이 사람들은 대체로 처음부터 아주 무례하지 않다. 대신 조금씩 선을 흐린다. 그래서 더 헷갈리게 만든다. 이때 필요한 건, 크게 싸우는 일이 아니다. 관계를 깨는 말도 아니다. 단지 정확하게 그 말이 불편하다는 신호를, 아주 짧게라도 그 자리에서 정확하게 남기는 것이다.

처음에는 분위기가 조금 어색해질 수도 있다. 하지만 그 어색함은 관계가 무너지는 신호가 아니라 관계의 위치를 다시 맞추는 과정에 가깝다. 정말로 그 관계가 유지될 만한 관계라면, 이 한마디 때문에 끝나지는 않는다. 선을 넘고도 아무 일 없다는 듯 웃는 사람들 앞에서 계속 아무 말도 하지 않으면, 남는 건 늘 같다.

✦ 웃으며 선을 넘는 이들을 멈추게 하는 한마디

상대가 '농담'이라는 방패를 휘두를 때, 당황해서 같이 웃지 마세요. 짧고 건조하게 내 상태만 전달해도 경계는 다시 세워집니다.

"그 말은 좀 불편하네."
"그건 그렇게 말 안 해줬으면 좋겠어."
"그건 내 얘기라서, 그렇게 웃으면서 할 말은 아닌 것 같아."

어떤 사람은
죄책감을 남기고 돌아선다
- 미안함을 남기고 도망간다

윤주 씨는 친구와 통화를 끊고 한동안 소파에 그대로 앉아 있었다. 친구는 요즘 자기가 얼마나 힘든지, 얼마나 지쳐 있는지를 길게 이야기했다. 그러다가 마지막에 이렇게 말했다. "그래도 너한테 말해서 다행이야. 너는 이런 얘기 들어주는 사람이잖아" 그 말에 윤주 씨는 아무 대답도 못 했다. 사실 그날은 자기 역시 많이 지쳐 있었고, 그 이야기를 들을 여유가 별로 없었다. 전화를 끊고 나니 머릿속이 '징' 하는 울림과 함께 무거워진다. 거절하지 못한 게 아니라 거절하면 안 될 사람처럼 된 기분이 더 괴롭다.

태성 씨는 팀 프로젝트를 마치고 나서 찜찜한 기분으로 집에 돌아온다. 같이 일하던 동료가 마감 직전에 이렇게 말했다. "이 부분 네가 좀 더 봐줬으면 좋았을 텐데. 나도 너무 정신이 없어서" 화내는 톤도 아니고, 따지는 말투도 아니었다. 그냥 툭 던진 말이었다. 그런데 그 말을 듣는 순간, 태성 씨는 위장이 뒤틀리는 듯한 불편함과 함께 괜히 미안해졌다. 사실 그 일은 원래 그 동료가 맡기로 한 부분이었다. 그런데도 집에 오는 길 내내 "내가 좀 더 챙겼어야 했나"라는 생각이 머릿속에서 떠나지 않는다.

이 두 사람의 공통점은 분명하다. 상대는 문제를 해결하지 않았다. 대신 미안한 기분만 남겨두고 자리를 떠났다. 그리고 그 미안함은 그대로 내 몫이 된다. 이런 방식은 대개 부드럽다. 직접적으로 요구하지 않는다. 대신 이렇게 말한다. "너라면 이해해줄 줄 알았어" "네가 있어서 다행이야" "내가 요즘 너무 힘들잖아" 부탁이나 하소연처럼 들린다. 하지만 그 말을 듣는 쪽에서는, 어느새 거절하기 어려운 자리에 서게 된다.

심리학에서는 이런 방식을 '죄책감 유도'라고 부른다. 상대를 비난하지 않고도, 상대가 스스로 미안해지게 만들어서 원하는 쪽으로 움직이게 하는 방법이다. 겉으로 보면 아무도 강요하지 않은 것처럼 보인다. 하지만 실제로는 선택의 폭이 아주 좁아진 상태다. 윤주 씨도, 태성 씨도 처음부터 "그래, 내가 다 할게"라고 마음먹은 건 아니다. 다만 그 순간, 거절하는 사람이 되기가 너무 불편해졌을 뿐이다.

그러다 보니 선택은 늘 같은 쪽으로 기운다. 상대는 가볍게 말하고, 나는 무겁게 책임진다. 이런 장면이 반복되면, 관계의 자리가 조금씩 바뀐다. 상대는 점점 더 편하게 내려놓는다. 나는 점점 더 쉽게 미안해진다. 그리고 어느 순간부터 일이 잘 안 되면 괜히 내가 더 신경 쓰인다. 겉으로는 아무도 나에게 떠넘기지 않은 것처럼 보인다. 하지만 실제로는, 미안함이 책임을 대신하고 있는 상태다.

이렇게 살다 보면 감정 패턴도 같이 굳는다. 부탁을 받으면 먼저 부담이 올라온다. 거절하려고 하면 먼저 죄책감이 올라온다. 그리고 결국에는, 또 내가 맡는다. 그러고 나서 혼자서 이렇게 말한다. "왜 또 내가 이걸 떠맡았지" 하지만 그 질문은 늘 일이 끝난 뒤에야 나온다.

여기서 한 번쯤은 이렇게 구분해볼 필요가 있다. 누군가 힘들다는 사실과, 그 일을 내가 대신 책임져야 한다는 것은 같은 말이 아니다. 사정은 이해할 수 있다. 상황이 어려울 수도 있다. 하지만 그게 곧바로 내가 그 몫까지 짊어져야 한다는 뜻은 아니다. 죄책감 유도는 이 둘을 아주 교묘하게 섞어놓는다.

처음에는 여전히 마음이 불편할 수 있다. 여전히 미안한 기분이 남을 수도 있다. 하지만 그 미안함이 정말로 내가 책임져야 할 자리에서 온 건지 한 번 더 들여다볼 수는 있다.

✦ '미안한 기분'에 속지 않고 경계 나누기

상대의 힘듦에 공감해주는 것과 그 책임을 대신 지는 것은 별개의 문제입니다. 미안함이 올라올 때 다음의 문장들로 자리를 다시 나누세요.

"그렇게 힘들다니, 그건 이해해. 그런데 이건 네가 맡기로 한 일이 잖아."
"요즘 많이 지친 건 알겠어. 하지만 이 부분까지 내가 맡는 건 어렵겠어."
"도와주고 싶지만 지금은 내 상황도 여의치 않아서 이번엔 어렵겠어."

어떤 사람은 사과 없이 모든 걸 끝낸다
– 책임 안 지는 사람이 이긴다

영주 씨는 거래가 틀어진 날을 아직도 또렷이 기억한다. 함께 일을 하던 사람이 마감 직전에 방향을 바꿨고, 그 때문에 일정이 전부 꼬였다. 결국 프로젝트는 흐지부지 끝났다. 그런데 그 사람은 마지막 통화에서 이렇게 말했다. "이번엔 서로 운이 안 맞았네. 다음에 기회 되면 다시 보자" 그 말로 모든 이야기가 끝났다. 잘못했다는 말도, 미안하다는 말도 없었다. 전화를 끊고 나서 영주 씨는 허탈함과 혼란에 빠져 한동안 가만히 앉아 있었다. 분명히 누군가의 선택 때문에 일이 망가졌는데, 정리되지 않은 느낌만 남았다. 이상하게도 화보다 먼저 든 감정은 허탈함과 혼란이었다.

경훈 씨는 부서 이동을 앞두고 팀 안에서 생긴 문제를 떠안게 되었다. 함께 결정한 일이었는데, 문제가 생기자 사람들은 이렇게 말했다. "그때 분위기가 그랬잖아. 나도 어쩔 수 없었어" 그리고 더이상 그 이야기를 꺼내지 않았다. 사과도 없고, 책임에 대한 언급도 없었다. 경훈 씨는 회의실을 나오는 길에 뒷목이 뻐근해지며 괜히 자기 머릿속을 뒤졌다. '내가 그때 더 강하게 말했어야 했나' '내가 더 확인했어야 했나' 그러다 보니 문제의 시작보다 자기 행동부터 떠올리고 있었다.

두 장면의 공통점은 분명하다. 문제가 생겼는데, 누군가는 아무 말 없이 빠져나간다. 그리고 남은 사람은 상황을 정리하지 못한 채 혼자 남는다. 이런 사람들은 대개 이렇게 말한다. "어쩔 수 없었어" "이미 지나간 일이잖아"

"누굴 탓해도 소용없어" 틀린 말은 아니다.

하지만 이 말들에는, 자기 몫에 대한 언급이 빠져 있다. 그래서 이야기는 정리되는 것처럼 보이지만, 실제로는 책임이 공중에 남아 있는 상태가 된다.

심리학에서는 이런 태도를 '책임 회피'라고 부른다. 잘 잘못을 분명히 하지 않고, 상황이나 흐름 뒤로 물러나서 자기 역할을 흐리는 방식이다. 겉으로 보면 갈등을 키우지 않는 것처럼 보인다. 하지만 실제로는 문제를 해결하지 않은 채 누군가에게만 숙제를 남기는 구조가 된다.

하지만 마음속에서는 끝나지 않는다. "내가 더 잘했어야 했나" "내가 좀 더 조심했어야 했나" 그러다 보면, 문제의 중심이 조금씩 나 쪽으로 이동한다. 이것이 반복되면, 관계의 위치가 바뀐다. 누군가는 실수해도 크게 남지 않는다. 누군가는 항상 마무리하는 사람이 된다. 그리고 어느 순간부터, 일이 잘 안 되면 내가 먼저 돌아본다. 겉으로는 책임을 묻지 않는 것처럼 보이지만, 실제로는 책임이 조용히 한쪽으로만 쌓인다.

여기서 많은 사람들이 이렇게 말한다. "괜히 문제 키우기 싫어서" "관계 망치기 싫어서" 그 마음은 이해할 수 있다. 하지만 사과 없는 종료가 반복되면, 남는 건 평화가 아니라 정리되지 않은 찜찜함이다. 그리고 그 찜찜함은 시간이 지나면서 나 스스로를 향한 의심으로 바뀌기 쉽다. 이렇게 되면 감정 패턴도 굳어진다.

문제가 생기면 먼저 나를 돌아본다. 상대가 아무 말이 없어도, 내가 더 생각한다. 그러다 보면, 책임을 따지기보다 그냥 내가 감당하는 쪽이 편해진다.

모든 문제에 완벽한 가해자와 피해자가 있는 건 아니다. 하지만 그렇다고 해서 아무도 자기 몫을 말하지 않아도 되는 건 아니다. 사과 없는 종료는, 갈등을 줄이는 방식이 아니라 정리를 미루는 방식에 가깝다.

그래서 필요한 건, 상대를 몰아붙이는 태도가 아니다. 다만 이야기를 마무리할 때, 자기 몫이 어디까지인지 한 번은 짚는 것이다. 사과 없이 끝나는 일들이 쌓일수록 관계는 깔끔해지는 게 아니라 한쪽만 점점 무거워진다. 그

리고 그 무게는, 대개 방어하는 자리에 오래 서 있는 사람

쪽으로 기운다.

✦ 책임의 공백을 메우는 정당한 확인

상대가 사과 없이 상황을 끝내려 할 때, 비난이 아닌 '사실 확인'
의 관점에서 질문을 던지세요.

"그 결정에는 당신 몫도 있었잖아요."
"그 부분은 같이 책임져야 하는 거 아닌가요."
"이렇게 끝내기엔, 아직 정리가 안 된 것 같아요."

말이 길어질수록
내가 이상한 사람이 된다
– 설명할수록 불리해진다

소희 씨는 팀 회의에서 자기 기획이 왜 필요한지 설명하다가, 어느 순간 말이 길어졌다는 걸 느꼈다. 처음에는 간단히 요지를 말하려고 했다. 그런데 한 사람이 "그게 꼭 지금 필요한가요?"라고 묻자, 그 질문에 답하려고 예시를 하나 더 붙였다. 그러자 또 다른 사람이 "그럼 이 경우는요?"라고 묻는다. 그때부터 소희 씨는 자꾸 보충 설명을 하게 된다. 말은 점점 길어지고, 문장은 점점 복잡해진다. 회의실 공기는 서서히 바뀐다. 질문하는 쪽은 차분한데, 소희 씨의 손바닥에는 땀이 차고 목소리는 점점 가늘어지며 바빠 보인다. 회의가 끝났을 때, 소희 씨는 자기가 무언가를 변명하고 나온 사람처럼 느껴진다.

준혁 씨는 연인과 다툰 뒤에 늘 같은 자리에 서게 된다. 처음에는 "그런 의도가 아니었어"라고 말하려고 했다. 그런데 상대가 "그러니까 네가 잘못한 거잖아"라고 말하자, 그때 상황이 어땠는지, 왜 그렇게 말할 수밖에 없었는지까지 하나씩 풀어놓게 된다. 말을 하다 보니, 본인도 헷갈린다. 이야기는 점점 길어지고, 상대의 표정은 점점 단단해진다. 결국 남는 말은 이런 것이다. "그래, 내가 예민했나 보다." 집에 돌아오는 길에야, 준혁 씨는 왜 자기가 설명을 하다가 사과까지 하게 되었는지를 떠올린다.

이 두 장면의 공통점은 분명하다. 처음에는 이유를 말하고 싶었을 뿐이다. 그런데 말이 길어질수록 설명하는 쪽이 더 수상해 보인다. 이런 상황에서는 묘한 전환이 일어난다. 누군가는 질문하는 쪽에 서 있고, 누군가는 해명하는 쪽에 서 있다. 그리고 그 순간부터 이야기의 중심은 조용히 이동한다.

심리학에서는 이런 현상을 '프레이밍 역전'이라고 부른다. 처음에는 어떤 제안이나 상황을 설명하는 자리였는데, 어느새 "왜 그랬는지 설명해야 하는 사람"의 자리로 틀이 바뀌는 것이다. 틀이 바뀌면, 같은 말을 해도 의미가 달라진다. 설명은 변명처럼 들리기 시작한다. 소희 씨도, 준혁 씨도 말이 부족해서 그런 게 아니다. 오히려 너무 성실하게 다 설명하려고 한 쪽에 가깝다.

이렇게 되면, 그 다음부터는 더 빨라진다. 질문 하나에 설명 하나, 설명에 또 질문 하나. 그러다 보면, 어느새 왜 이 이야기를 시작했는지는 사라지고, 왜 당신이 그랬는지만 남는다. 질문하는 쪽은 여유 있고, 설명하는 쪽은 급해진다. 그 차이가 대화의 힘의 방향을 바꾼다.

그러면 감정 패턴도 같이 굳어진다. 무언가를 말하려고 할 때마다, 먼저 방어부터 준비한다. 오해받지 않으려고, 처음부터 배경을 길게 깐다. 그리고 말이 길어질수록,

스스로도 점점 자신이 없어지는 느낌이 든다. 그러다 보면 중요한 이야기를 꺼내기 전부터 지친다. "어차피 또 길어질 텐데" "어차피 또 설명해야 할 텐데" 그렇게 말을 시작하기도 전에 스스로를 약한 자리에 놓는다.

하지만 한 번쯤은 이렇게 돌아볼 필요가 있다. 지금 이 대화는, 정말로 내가 해명해야 할 자리인가. 아니면 그냥 설명을 하고 있을 뿐인데, 어느새 해명하는 틀로 옮겨진 건가. 모든 질문에 길게 답할 필요는 없다. 모든 오해를 한 번에 풀 필요도 없다.

때로는 짧게 멈출 수 있다. 이 말들은 싸움을 만들기 위한 말이 아니다. 이야기의 틀을 다시 제자리로 돌려놓는 말에 가깝다. 말이 길어질수록 불리해지는 자리는, 말을 못해서 생기는 자리가 아니다. 이미 해명하는 쪽으로 옮겨진 자리에서 계속 말하고 있기 때문이다.

그 자리를 알아차리고 한 번 멈춰 서는 순간, 대화는 다시 설명과 변명의 경계로 돌아오기 시작한다.

✦ 해명의 늪에서 빠져나오는 '말의 마침표'

설명이 길어질수록 주도권은 상대에게 넘어갑니다. 구구절절 변명하는 대신 짧고 단호하게 대화의 틀을 다시 가져오세요.

"그건 제안이었고, 선택은 같이 하는 거라고 생각합니다."
"그렇게까지 설명해야 할 문제는 아닌 것 같습니다."
"그 질문은 이 얘기와는 조금 다른 것 같습니다."

어느새 모든 문제의 끝에는 내가 서 있다
- 책임이 나에게만 온다

은수 씨는 팀에서 문제가 생기면 늘 마지막에 자기 이름이 불린다는 걸 안다. 일정이 밀렸을 때도, 결과물이 기대만큼 나오지 않았을 때도, 회의가 끝나고 나면 누군가 이렇게 말한다. "그래도 최종 확인은 네가 한 거잖아" 그 말은 틀리지 않다. 하지만 그 일은 혼자서 만든 게 아니었고, 방향도 혼자서 정한 게 아니었다. 그럼에도 이야기는 늘 그 문장으로 정리된다.

태현 씨는 가족 모임에서 작은 마찰이 생기면 어느 순간 자기가 중재자가 되어 있는 걸 발견한다. 말이 조금 세게 오간 뒤에는 늘 이런 말이 나온다. "그래도 네가 좀 이해해 줘" 처음에는 분위기를 누그러뜨리자는 말처럼 들린다. 그런데 이런 장면이 반복되다 보니, 태현 씨는 문제가 생기면 자기가 정리해야 하는 사람이 되어 있다.

이 두 사람의 공통점은 분명하다. 문제가 생길 때마다 마지막 자리에 항상 내가 서 있다. 원인을 만든 사람은 따로 있는데, 정리하는 사람은 늘 나다. 이런 구조는 아주 조용히 만들어진다. 누군가는 주장하고, 누군가는 결정하고, 누군가는 밀어붙인다. 그리고 일이 잘 안 되면 이렇게 말한다. "그래도 네가 조율하는 역할이었잖아" "그래도 네가 제일 침착했잖아" 칭찬처럼 들리지만, 그 안에는 책임의 방향을 바꾸는 힘이 들어 있다.

심리학에서는 이런 과정을 '책임 전가'라고 부른다. 잘못이나 부담이 생겼을 때, 그 무게가 가장 반박하지 않는 사람 쪽으로 이동하는 현상이다. 누군가 일부러 떠넘기지 않아도 그렇게 흘러가면 책임은 한쪽에 쌓인다.

은수 씨도, 태현 씨도 처음부터 모든 걸 떠안고 싶었던 건 아니다. 다만 정리하는 역할을 맡다 보니 그 자리가 굳어졌을 뿐이다. "네가 한마디 해줘" "네가 좀 정리해줘" 어느 순간부터 그는 문제가 생길 때마다 자동으로 호출되는 사람이 된다.

그러면 마음의 방향도 바뀐다. 누가 실수했는지보다, 내가 뭘 놓쳤는지를 먼저 본다. 누가 무리한 요구를 했는지보다, 내가 왜 그걸 막지 못했는지를 먼저 생각한다. 그러다 보면 문제의 중심이 조금씩 내 쪽으로 이동한다. 여기서 많은 사람들이 이렇게 말한다. "내가 더 잘 챙겼어야 했지" "내가 좀 더 조심했어야 했지" 하지만 이 말이 반복될수록 상황은 더 나빠진다.

문제가 생기면 먼저 긴장한다. 커지기 전에 내가 나서야 할 것 같은 기분이 든다. 일이 끝나면 이상하게도 나만 더 지쳐 있다. 여기서 한 번쯤은 나눠 볼 필요가 있다. 정리하는 역할과 책임지는 역할은 같은 게 아니다. 조율할 수는 있다. 하지만 그게 곧바로 모든 결과를 짊어져야 한다는 뜻은 아니다. 경계가 흐려질수록 책임은 한쪽으로만 쏠린다.

그래서 필요한 건 크게 따지는 태도가 아니다. 다만 이렇게 한 번 짚는 것이다. "그 결정은 같이 한 거였잖아요" "이 부분은 제가 아니라 그쪽에서 정한 거였죠" "정리는 할 수 있지만, 책임까지 제 몫은 아닌 것 같습니다" 이 말들은 책임의 위치를 다시 제자리로 돌려놓는 말이다.

✦ '나의 몫'이 아닌 짐을 정중히 내려놓는 법

상황을 정리하는 친절함이 독이 되지 않게 하세요. 책임의 경계선을 짚는 연습이 필요합니다.

"상황을 조율할 수는 있지만, 최종 결정 책임은 담당자가 지는 게 맞습니다."
"이 부분은 제가 아니라 처음 제안하신 쪽에서 정리해주시는 게 좋겠어요."
"중재는 하겠지만, 발생한 문제의 책임까지 제 몫은 아닌 것 같습니다."

4장

나는 왜 선을 긋기만 하면
흔들리는가?

– 경계를 배운 적이 없기 때문이다

경계는 타인을 공격하기 위한 무기가 아니라 자신의 생존과 평온을 지키기 위한 최소한의 안전장치다. 선을 긋는 순간 밀려오는 불안과 죄책감은 잘못에 대한 증거가 아니라 익숙한 굴종에서 벗어날 때 발생하는 적응 과정의 통증일 뿐이다. 타인의 기분을 맞추기 위해 자기를 포기하는 것을 멈추고 감정의 주인과 책임의 소재를 냉정하게 분리해야 한다. 착한 사람이라는 역할극을 내려놓고 관계의 규칙을, 나를 포함한 형태로 다시 쓸 때 삶의 에너지가 새어나가는 자기 소진을 막을 수 있다. 하루에 한 번 사소한 기준부터 말하기 시작할 때 비로소 관계 안에서 희미해졌던 나라는 존재가 다시 선명해진다.

나는 늘 설명해야 하는 자리에서 시작한다
- 출발부터 이미 불리하다

하늘 씨는 회의에서 입을 열기 전, 이미 마음이 한 번 접혀 있다. 무슨 제안을 하든 먼저 이렇게 시작한다. "제가 잘못 생각했을 수도 있는데요" "혹시 말이 안 될 수도 있는데요" 말의 앞부분이 늘 변명처럼 붙는다. 아직 아무도 반대하지 않았는데, 이미 반대에 대비하고 있다. 그래서 이야기는 시작부터 길어진다. 배경을 깔고 전제를 설명한다. 회의가 끝나면, 제안이 받아들여졌는지보다 자기가 얼마나 설명했는지만 기억에 남는다.

기현 씨는 가족에게 이야기를 꺼낼 때면 먼저 이유부터 늘어놓는다. "요즘 일이 이래서" "그때는 이런 사정이 있어서" 그러다 보니 정작 하고 싶은 말은 늘 뒤로 밀린다. 상대가 한마디만 끼어들어도 다시 설명으로 돌아간다. 집에 돌아오면, 괜히 말을 꺼냈다는 생각부터 든다.

이 두 사람의 공통점은 분명하다. 대화를 시작할 때 이미 방어하는 자리에 서 있다. 주장을 하기 전에 먼저 해명을 준비한다. 한 번, 두 번, 설명해야 했던 자리들이 쌓이면서 몸과 마음이 이렇게 생각한다. '말을 꺼내려면, 먼저 정당화해야 한다' 그러다 보면 제안도, 요구도, 감정 표현도 전부 허락을 구하는 형태로 바뀐다.

심리학에서는 이런 상태를 '방어적 위치 고착'이라고 부른다. 대화를 시작할 때마다 이미 공격받는 쪽의 자리에서 출발하는 습관이 굳어진 상태다. 그러면 내용이 어떻든 말의 힘은 처음부터 약해진다. 하늘 씨도, 기현 씨도 논리가 부족해서 그런 게 아니다. 다만 시작 위치가 늘 같은 자리일 뿐이다. 그 자리에서는 어떤 말도 끝까지 가기 전에 한 번 더 설명을 요구받는다.

이렇게 되면 관계의 흐름도 굳어진다. 누군가는 질문하는 쪽에 서고, 나는 늘 답하는 쪽에 선다. 누군가는 판단하고, 나는 이해를 구한다. 그러다 보면 말을 꺼내기 전부터 지친다. 혹시 또 설명해야 할까 봐 아예 말을 줄인다. 중요한 이야기일수록 미루게 된다.

그래서 필요한 건, 더 설득력 있게 말하는 기술이 아니다. 더 촘촘하게 설명하는 습관도 아니다. 시작 위치를 아주 조금 옮기는 것이다.

예를 들면 이렇게 말할 수 있다. "이건 제 제안입니다" "저는 이렇게 하고 싶습니다" "이건 제 선택입니다" 질문이 돌아와도 전부 다 받아서 설명하지 않아도 된다. "그건 이 얘기와는 조금 다른 문제 같습니다" "그건 다음에 따로 이야기해도 될 것 같습니다" 이 말들은 무례한 말이 아니다. 대화의 출발선을 다시 놓는 말에 가깝다.

늘 설명해야 하는 자리에서 시작하면 말은 길어지고

자리는 불리해진다. 반대로 설명하지 않아도 되는 자리에서 시작하면 말은 짧아지고 관계는 조금씩 평평해진다. 방어하는 쪽에 오래 서 있을수록 사람들은 자기 말을 믿지 않게 된다. 하지만 시작 위치를 한 발만 옮겨도 대화의 모양은 달라진다.

✦ 해명 없이 '입장'부터 전하는 연습

말의 앞머리에 붙은 불필요한 사과와 변명만 떼어내세요.

"제가 생각한 기획안의 핵심은 이렇습니다."
"저는 이번 결정에 대해 이런 입장을 가지고 있습니다."
"이건 제 선택입니다. 세부적인 이유는 차후에 공유하겠습니다."

경계는 싸움이 아니라
나를 지키는 마지막 선이다
- 경계는 생존이다

윤희 씨는 친한 지인에게서 온 메시지를 한참 들여다본다. 이번 주말에도 도와달라는 부탁이다. 지난달에도, 그 전 달에도 같은 식이었다. 그때마다 윤희 씨는 시간을 쪼개서 도와줬다.

사실 쉬고 싶었다. 몸이 계속 무겁고, 아침에 일어나는 것도 버거운 날들이 이어지고 있었다. "이번에는 어렵겠어"라고 쓰려다가 메시지를 지운다. 괜히 미안해질 것 같아서다. 대신 "시간 좀 보고 다시 말해줄게"라고 보낸다. 그 문장을 보내고 나서, 마음이 더 무거워진다. 거절한 것도 아니고 받아준 것도 아닌 채로, 또 스스로를 미뤄 둔 느낌이다.

상훈 씨는 회사에서 맡은 일의 범위를 이미 넘어서고 있다는 걸 안다. 원래는 조율 역할만 하기로 했는데, 어느새 결정까지 떠맡고 있다. 누군가 "이건 네가 정리해주는 게 제일 깔끔해"라고 말하면, 사실은 부담인데도 "알겠습니다"라고 답한다. 왜 나는 늘 이렇게 받아들이고 있을까, 그 생각이 맴돈다.

이 두 사람의 공통점은 분명하다. 선을 긋지 못해서가 아니라 선을 긋는 게 싸움처럼 느껴지기 때문이다. 그래서 불편해도 그냥 버티는 쪽을 먼저 고른다.

많은 사람에게 경계는 이렇게 느껴진다. '선을 그으면 관계가 틀어질 것 같다' '선을 그으면 내가 냉정한 사람이 될 것 같다' '선을 그으면 크게 싸우게 될 것 같다' 그래서 경계는 필요할 때 쓰는 도구가 아니라 끝까지 참다가 꺼내는 최후의 수단처럼 밀려난다.

하지만 경계는 원래 그런 게 아니다. 심리학에서는 이런 반응을 '자기보호 본능'이라고 부른다. 위험하거나 과부하가 걸릴 때, 몸과 마음이 스스로를 지키려는 기본 반응이다.

배가 고프면 먹고 싶어지는 것처럼, 힘들면 멈추고 싶어지는 것도 같은 신호다. 경계는 싸우기 위해서가 아니라 더이상 다치지 않기 위해 있는 장치에 가깝다.

윤희 씨가 쉬고 싶어지는 것도, 상훈 씨가 어깨가 무거워지는 것도 같은 신호다. "여기까지가 지금의 한계야" 그런데 그 신호를 계속 무시하고 넘겨버리면, 몸과 마음은 점점 더 큰 소리로 말한다. 처음에는 피곤함, 그다음엔 짜증, 그다음엔 무기력, 그리고 어느 순간 사람 자체가 싫어지게 된다.

이건 예민함의 문제가 아니다. 지켜야 할 선을 계속 넘기고 있기 때문에 생기는 반응이다. 누구라도 자기 한계를 넘기면서 살면 마음은 점점 굳어진다.

경계를 세우지 못하는 구조는 대개 이렇게 굳어진다. 한 번 참는다. 또 참는다. 그러다 보면 참는 게 기본값이 된다. 그리고 선을 긋는 순간은 늘 너무 늦게 온다. 겉으로는 큰 문제 없이 유지되는 것처럼 보이지만, 안쪽에서는 피로와 불만이 쌓인다.

그 피로는 어느 날 전혀 다른 모습으로 터진다. 사소한 말에 예민해지거나, 아무 연락도 하기 싫어지거나, 사람 자체가 버거워진다. 그때가 되면 경계는 이미 싸움의 형태로만 나오기 쉽다. 그래서 필요한 건 더 참는 연습이 아니다. 경계를 제때 쓰는 연습이다.

경계는 거창할 필요가 없다. "이번 주말은 쉬고 싶어요" "이건 제 역할 범위는 아닌 것 같아요" "이건 여기까지가 좋겠습니다"

경계는 싸움의 시작이 아니라 소모를 멈추는 지점이다. 그 선이 제때 그어질수록 관계는 오히려 더 건강해진다.

✦ 싸우지 않고 경계를 긋는 '생존의 언어'

경계는 공격이 아니라 '보호'입니다. 감정이 커지기 전에 내 상태를 담백하게 알리세요.

"이번 주말은 제가 너무 지쳐서 쉬는 시간이 필요합니다."
"이 역할은 제 담당 범위를 벗어납니다. 원래 담당자와 이야기해 주세요."
"그 이야기는 지금 제게 좀 버겁습니다. 나중에 다시 하면 좋겠습니다."

선을 긋는 순간 불안은
파도처럼 밀려온다
- 왜 이렇게 불안한가

지수 씨는 친구에게 "이번에는 어렵겠어"라는 메시지를 보낸 뒤, 휴대폰을 손에서 내려놓지 못한다. 숨이 얕아지며 목 안쪽이 마른다. 아직 답장은 오지 않았는데, 머릿속에서는 이미 여러 장면이 스친다. 기분이 상했을까. 나를 미워하지는 않을까. 다음번엔 나를 찾지 않게 되는 건 아닐까. 아무 일도 없는데 마음은 먼저 몇 번이나 관계의 끝까지 갔다가 돌아온다.

정재 씨는 회사에서 한 가지 업무를 내려놓겠다고 말한 날, 집에 와서도 몸이 편하지 않다. "이건 제 담당 범위는 아닌 것 같습니다"라고 말했을 뿐인데, 등줄기에 긴장이 남아 있고 어깨 근육이 뭉쳐 있다. 혹시 평가가 달라지지는 않을지, 다음 회의에서 나를 보는 눈이 바뀌지는 않을지 생각이 자꾸 튄다. 말을 한 선택은 옳았는데, 마음은 오히려 더 불안하다.

이 두 사람의 공통점은, 선을 그은 뒤에 실제로 아무 일도 벌어지지 않았다는 점이다. 관계가 끊어진 것도, 갈등이 생긴 것도 아니다. 그런데도 마음이 먼저 크게 출렁인다. 이럴 때 사람들은 "괜히 말한 걸까" "그냥 해줄 걸 그랬나" 하고 흔들린다. 하지만 이 불안은 상황이 잘못되어서 생기는 감정보다, 거리가 생겼을 때 자동으로 올라오는 오래된 반응에 가깝다.

심리학에서는 이런 반응을 '분리 불안'이라고 부른다. 실제 위험이 없어도, 거리가 생겼다는 사실 자체를 위협처럼 느끼는 상태다. 그래서 몸은 한 발 앞서 최악을 준비한다. 지수 씨는 아직 답장을 보지도 않았는데 이미 여러 번 버려진다. 정재 씨도 아무 말도 듣지 않았는데 혼자서 이미 평가를 받고 있다. 몸은 "조금 떨어졌다"는 신호를 "위험하다"로 번역한다.

이 반응은 대개 오래전에 만들어진다. 누군가에게 맞추는 게 안전했던 시기, 거리를 두면 불안해졌던 관계 속에서 몸은 이렇게 생각한다. '떨어지면 위험하다' 그리고 그 규칙을 지금도 쓴다. 그래서 선을 긋는 순간, 먼저 긴장이 올라오고, 그 다음에 후회와 되돌리고 싶은 충동이 따라온다.

이때 사람들은 관계를 조정한 선택보다 불안을 없애는 쪽을 먼저 택한다. 그래서 어렵게 그은 선을 스스로 다시 지운다. 이게 반복되면 몸은 또 하나를 배운다. "선을 그으면 불안해진다. 맞추면 편해진다" 그러면 다음에는 아예 시도조차 하지 않게 된다. 하지만 이건 성격의 문제가 아니다. 불안을 다루는 방식이 아직 예전 규칙에 묶여 있을 뿐이다.

중요한 건, 이 불안을 위험 신호가 아니라 적응 과정의 신호로 다시 보는 것이다. 몸이 말하는 건 "큰일 났다"가 아니라 "익숙하지 않은 선택을 했다"에 가깝다.

도움이 되는 건 한 박자 늦추는 것이다. 불안이 올라와도 바로 선택을 취소하지 않는다. "이 불안은 관계가 위험해서가 아니라 내가 거리를 조금 조정했기 때문에 생긴 거야" 이렇게 생각해보는 것만으로도 몸은 다른 경험을 한다. "이번에는 어렵습니다" "이건 여기까지 하겠습니다"

그 다음에 불안이 와도 다시 붙잡으러 가지 않는 것. 그게 새로운 학습이다. 처음에는 파도처럼 느껴지던 불안도, 같은 선택을 몇 번 더 하다 보면 점점 다른 크기로 밀려온다. 그리고 어느 순간에는 불안이 있어도 그 때문에 다시 나를 접지는 않게 된다.

✦ 선을 그은 후 밀려오는 파도를 견디는 법

불안을 즉시 없애려 하지 마세요. 그 불안은 '잘못'이 아니라 '변화'에 대한 몸의 반응입니다.

"지금 이 불안은 관계가 끝났다는 증거가 아니라 내가 새로운 선택을 했다는 증거다."
"답장을 기다리는 동안 내 호흡에만 집중하자." (심호흡 5회)
"불안해도 오늘은 선택을 되돌리지 않겠다."

거절했을 뿐인데
마음이 먼저 나를 탓한다
- 왜 이렇게 죄책감이 들까?

은정 씨는 거래처의 부탁을 한 번 거절한 날, 집에 돌아와서도 마음이 편하지 않다. "이번 일정에는 어렵겠습니다"라고 짧게 말했을 뿐인데, 그 뒤로 계속 같은 장면이 떠오른다. 혹시 상대가 기분 상하지는 않았을지, 내가 너무 차갑게 보이진 않았을지. 큰일이 난 것도 아닌데, 마치 내가 뭔가 잘못한 사람처럼 마음이 무겁다.

영재 씨는 가족 모임에서 더이상 맡기 힘든 일을 내려

놓겠다고 말한 뒤, 집에 오는 길 내내 말이 적다. "이번에는 다른 사람이 맡는 게 좋겠어"라고 말했을 뿐인데, 그 말이 머릿속에서 계속 울린다. 괜히 분위기를 망친 건 아닐까, 이기적으로 보이진 않았을까. 할 말을 한 것 같은데, 마음은 스스로를 계속 흠잡고 있다.

이 두 사람의 공통점은, 거절 때문에 실제로 큰 문제가 생긴 건 아니라는 점이다. 관계가 끊어진 것도, 큰 갈등이 벌어진 것도 아니다. 그런데도 마음이 나를 나쁜 쪽으로 몰아간다. "내가 너무 예민한가" "조금만 더 참을 걸 그랬나" 선을 하나 그었을 뿐인데, 마음이 나를 심문한다.

심리학에서는 이런 내부의 목소리를 '내면화된 비난'이라고 부른다. 예전에 들었던 꾸중과 평가가 내 안으로 들어와, 이제는 내가 나를 대신 몰아세우는 상태다. 그래서 누가 뭐라고 하지 않아도 마음이 먼저 나를 탓한다. 은정 씨도, 영재 씨도 "참는 사람이 좋은 사람"이라는 말을 들으며 자랐다. 그런 환경에서는, 거절이 쉽게 '잘못'으로 저장된다. 지금은 합리적인 선택을 해놓고도, 마음은 여전히 옛 기준으로 나를 평가한다.

이제 사람들은 선을 긋는다. 곧바로 마음이 나를 탓한다. 그 불편함을 견디기 어려워서 다시 맞춘다. 그러다 보면 마음은 또 배운다. "거절하면 불편해진다. 맞추면 조용해진다." 이 학습이 쌓일수록 경계는 더 무거운 선택이 된다. 하지만 이건 성격의 문제가 아니다. 아직도 마음속에서 작동하는 오래된 평가 기준의 문제다.

그러다 보면 감정의 방향이 뒤집힌다. 남을 불편하게 했는지부터 먼저 점검하고, 내가 얼마나 지쳤는지는 늘 뒤로 밀린다. 결국 나를 지키는 선택이 '미안한 선택'처럼 느껴진다. 그래서 자기 선택을 점점 믿지 못하게 된다.

여기서 필요한 건, 이 마음의 목소리를 억지로 없애는 게 아니다. 대신 이렇게 물어보는 게 도움이 된다. "지금 이 비난은, 정말로 누군가를 해쳤기 때문에 생긴 걸까. 아니면 내가 나를 지키는 선택을 했기 때문에 올라온 걸까." 많은 경우 후자에 가깝다.

하지만, 마음이 나를 탓해도 그 목소리가 결정을 다시

바꾸게 두지 않는 것이다. "이번에는 어렵습니다" "이건 여기까지 하겠습니다" 이 말을 한 뒤에 불편해져도, 그 불편함 때문에 다시 물러서지 않는 것. 시간이 지나도 큰 일이 일어나지 않는다는 걸 몸이 배우기 시작한다.

거절했을 뿐인데 마음이 먼저 나를 탓하는 건, 내가 이기적이어서가 아니다. 마음이 아직 예전 기준으로 나를 관리하고 있을 뿐이다. 그 기준은 다른 선택을 반복해볼 때만 천천히 바뀐다. 그리고 어느 순간, 거절 뒤에 남는 감정이 자책이 아니라 정당함에 가까워지는 날이 온다.

✦ 마음의 자책감을 잠재우는 '자기 변호' 문장

"나는 오늘 상대를 해친 게 아니라 내 한계를 표현했다."
"죄책감이 든다고 해서 내가 나쁜 일을 한 건 아니다. 아직 익숙하지 않을 뿐이다."
"모두를 만족시킬 수는 없다. 내가 먼저 평안해야 한다."

남의 기분 때문에
내 인생을 결정할 수는 없다
- 감정은 분리할 수 있다

혜진 씨는 약속 하나를 잡을 때도 늘 마음이 복잡해진다. 정말 가고 싶은지보다, 상대가 서운해하지는 않을지가 먼저 떠오른다. 쉬고 싶은 날에도 "다음에 보자" 같은 말을 고른다. 명치가 답답해지고 얼굴은 달아오르지만, 그 감정을 들키지 않으려고 억지로 웃는다. 약속을 잡고 나서도 마음은 편하지 않다. 괜히 내 태도가 부족해 보이진 않았을지, 혹시 상대가 마음에 상처를 받지는 않았을지, 이미 지나간 장면을 계속 곱씹는다.

준수 씨는 회사에서 의견을 낼 때마다 분위기를 먼저 살핀다. 말 자체보다, 그 말로 누군가 기분이 상하지 않을지를 더 많이 생각한다. 회의가 끝나면 이런 느낌이 든다. '나는 도대체 무슨 말을 한 거지' 말은 했는데, 자기 입장은 흐릿하고 남의 표정만 또렷하게 남는다. 집에 돌아오는 길에도, 누가 어떤 표정을 지었는지가 더 오래 떠오른다.

이 두 사람의 공통점은, 자기 마음보다 다른 사람의 기분이 먼저 기준이 된다는 점이다. 선택의 방향이 늘 밖에서 안으로 정해진다. 물론 배려는 소중하다. 하지만 여기서는 배려와 자기 포기가 아주 자연스럽게 섞여 버린다. 그러다 보면, 내 선택의 폭은 조금씩, 그러나 확실하게 좁아진다.

심리학에서는 이런 상태를 '자기 분화'가 낮은 상태라고 부른다. 자기 감정과 타인의 감정이 구분되지 않고 엉켜 있는 상태다. 이때 사람들은, 상대가 불편해 보이면 마치 내가 뭔가 잘못한 것처럼 느낀다. 그래서 그 불편함을 먼저 없애려고 움직인다.

혜진 씨도, 준수 씨도 누군가를 특별히 의식해서 그런 게 아니다. 다만 오래전부터 이렇게 배워 왔을 뿐이다. "분위기가 편해야 안전하다" "누군가 불편해하면, 내가 고쳐야 한다"

그러면 선택의 책임은 조금씩 자리를 옮긴다. 상대가 서운해할까 봐, 내가 결정을 바꾼다. 상대가 불편해할까 봐, 내가 하고 싶은 말을 접는다. 그렇게 작은 선택들을 하나씩 넘기다 보면, 삶의 방향은 어느새 남의 감정에 의해 정해진다. 그리고 어느 순간, 이런 질문이 마음속에서 떠오른다. "나는 도대체 언제 내 얘기를 했지"

이렇게 살다 보면, 누군가 기분이 안 좋아 보일 때마다 먼저 긴장하게 된다. 그리고 그 이유를 나에게서 찾는다. 실제로는 내 책임이 아닌 일까지, 습관처럼 마음으로 떠 안는다. 여기서 아주 중요한 구분이 하나 있다. 상대가 어 떤 감정을 느끼는 것과, 그 감정을 내가 책임지는 것은 같 은 일이 아니다.

여기서 필요한 건, 차갑게 벽을 세우는 태도가 아니다. 상대를 무시하는 것도 아니다. 다만 이렇게 말할 수 있는 거리다. "그렇게 느낄 수는 있을 것 같아요" "그래도 저는 이쪽을 선택하겠습니다" 이 두 문장은 함께 존재할 수 있다. 공감과 선택은, 반드시 하나만 골라야 하는 게 아니다.

처음에는 이 경계가 꽤 불편하다. 상대의 표정을 보고 나면, 다시 마음이 흔들릴 수도 있다. "내가 너무한 건 아닐까" 하는 생각이 따라올 수도 있다. 하지만 그때마다 감정의 주인이 누구인지를 다시 한 번 떠올려 볼 수 있다.

남의 기분을 존중하는 것과, 남의 기분으로 내 인생을 결정하는 것은 전혀 다른 일이다. 이 둘이 조금씩 분리되기 시작할 때, 사람은 비로소 다시 자기 선택의 자리에 서기 시작한다. 그리고 그 자리에서 삶은 아주 천천히 내 쪽으로 방향을 돌리기 시작한다.

“그렇게 느끼실 수 있다는 건 이해합니다. 하지만 제 결정은 이렇습니다.”
“서운하실 수는 있지만, 저는 이 선택을 지키겠습니다.”
“분위기를 해치고 싶은 건 아니지만, 지금 제게는 이게 필요합니다.”

착한 사람이라는 이름을
내려놓는 순간
- 역할을 그만둘 때

소민 씨는 모임에서 늘 자연스럽게 정리하는 사람이 된다. 약속 장소를 정하고, 시간을 맞추고, 누가 늦는지 확인하고, 분위기가 어색해지면 먼저 말을 꺼낸다. 사람들은 "네가 있어서 편해"라고 말한다. 그 말을 들으면 마음이 놓이면서도 조금 지친다. 자리에 앉아 있는 동안에도 대화가 끊기지는 않는지 계속 살핀다. 그런데도 다음 약속이 잡히면, 또 같은 자리에 선다.

영수 씨는 가족 안에서 늘 들어주는 사람이다. 누군가 기분이 상하면 먼저 달래고, 말이 거칠어지면 분위기를 누그러뜨린다. 가끔은 자기 마음이 어디 있는지 잘 모르겠다는 느낌이 든다. 서운한 일이 있어도 굳이 꺼내지 않는다. 괜히 일을 키우는 사람이 되고 싶지 않아서다. 그렇게 지나간 말들이 쌓이면서, 자기 마음은 점점 뒤로 밀린다.

이 두 사람의 공통점은 분명하다. 사람들은 그들에게 어떤 '역할'을 기대한다. 정리하는 사람, 들어주는 사람, 분위기를 맞추는 사람. 그리고 그 역할에 맞게 사는 것이, 어느새 자기 자신처럼 굳어져 버렸다.

심리학에서는 이런 상태를 '역할 정체성'이라고 부른다. 어떤 역할을 오래 반복하다 보면, 그 역할이 곧 나 자신인 것처럼 굳어진다. 그래서 그 역할에서 벗어나는 선택은, 단순히 행동 하나를 바꾸는 일이 아니라 "내가 내가 아닌 것 같은 느낌"을 동반한다.

겉보기에는 아주 부드러운 관계다. 큰 갈등도 없고, 크게 다투는 일도 드물다. 하지만 그 대신 한 사람의 몫이 조금씩 사라진다. 선택의 방향은 늘 같다. 나를 줄이고, 역할을 유지한다.

이렇게 살다 보면 감정이 묘하게 쌓인다. 겉으로는 괜찮은데, 내면에서는 자꾸 피곤하다. 누군가 고마워하면 잠깐 나아지는 것 같다가도, 금방 다시 지친다. 그리고 가끔, 이유 없이 모든 관계가 버겁게 느껴진다. 이때 사람들은 종종 자기를 탓한다. "내가 너무 예민한가 보다" "내가 너무 욕심이 많나 보다" 하지만 이건 욕심의 문제가 아니다. 너무 오래 한 역할로만 살아온 피로에 가깝다.

역할은 필요하다. 관계를 굴러가게 한다. 문제는 그 역할이 나를 대신해서 살아버릴 때다. 그러면 "나는 무엇을 원하는가"라는 질문에서 점점 멀어진다. 나는 점점 더 '편한 사람'이 되는데, 정작 나는 점점 더 불편해진다.

여기서 필요한 건, 갑자기 사람이 달라지는 일이 아니다. "이제부터 나는 안 맞춘다" 같은 큰 변화도 아니다. 다만, 작은 자리 하나를 내려놓는 것이다.

다음의 말들은 관계를 망치기 위한 말이 아니다. 역할

과 나를 다시 나누는 말에 가깝다. 처음에는 어색하다. 주변에서도 잠깐 놀랄 수 있다. 하지만 시간이 지나면, 관계는 그 빈자리에 맞게 다른 균형을 찾기 시작한다. 그리고 그때 비로소 알게 된다. 내가 그 역할을 내려놓아도, 관계가 전부 무너지지는 않는다는 것을.

✦ '착한 사람'이라는 역할에서 한 발 내려오기

역할을 그만두는 건 관계를 부수는 일이 아니라 나를 다시 제자리에 돌려놓는 일입니다. 이렇게 말해볼 수 있습니다.

"오늘은 그냥 참석만 할게. 정리는 다른 사람이 해도 될 것 같아."
"이번에는 내가 맡기보다는, 다른 사람이 해주면 좋겠어."
"항상 내가 중간에서 정리하지 않아도 될 것 같아."

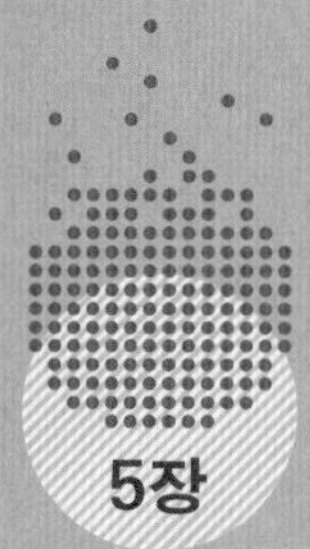

나는 왜 죄책감과 불안에 다시 끌려가는가?

- 감정이 결정을 대신하고 있기 때문이다

감정이 올라오는 순간 하루의 운전대를 감정에 내어주는 정서 융합 상태
는 우리를 다시 휘둘리게 만든다. 거절하면 나쁜 사람이 될 것 같다는 조
건화된 죄책감이나, 상대가 화내기도 전에 먼저 사과하고 물러나는 복종
습관화는 우리를 착함이라는 덫에 가두어버린다. 감정을 억누르는 정서
회피는 결국 신체적 통증이나 무기력 같은 더 큰 역설적 고통으로 돌아올
뿐이다. 따라서 감정을 사실이나 명령으로 믿지 말고 나를 지키기 위해 찾
아온 하나의 신호로 바라보는 관찰자의 시선이 필요하다. 감정과 나 사이
에 거리를 두기 시작할 때, 비로소 감정의 폭풍 속에서도 삶의 주도권을
잃지 않을 수 있다.

나는 관계의 규칙을
다시 쓰기 시작한다
- 기준을 다시 세운다

창수 씨는 회식 자리가 끝날 무렵이면 늘 비슷한 표정을 짓고 집에 돌아온다. 오늘도 자리를 끝까지 지켰고, 분위기를 맞췄고, 누군가의 하소연도 들어줬다. 집에 오면 묘하게 기운이 빠지고 온몸에 힘이 하나도 없다. 어느 날 그는 문득 이런 생각을 한다. "나는 왜 항상 남의 리듬에 맞춰 하루를 끝내고 있을까"

윤서 씨는 친구와 여행 계획을 세우다가, 갑자기 숨이

막히는 기분이 든다. 일정이 하나둘 정해질수록, 자기 의견은 점점 뒤로 밀린다. "아무 데나 괜찮아"라는 말을 몇 번 반복하다가, 마음 한쪽이 슬그머니 무거워진다. 여행이 시작되기도 전에, 벌써 조금 지쳐 있다.

이 두 사람의 공통점은 분명하다. 관계 안에서 자기 기준이 늘 마지막에 온다. 무언가를 선택할 때, 먼저 묻는 질문이 "나는 뭘 원하는가"가 아니라 "저 사람은 괜찮을까"다. 이렇게 살면 관계에는 보이지 않는 규칙이 생긴다. 나는 맞춘다. 나는 정리한다. 나는 양보한다. 그리고 그 규칙은 어느새 당연한 질서처럼 굳어진다.

심리학에서는 이런 변화를 연습하는 과정을 '자기주장 훈련'이라고 부른다. 상대를 이기기 위한 기술이 아니라 자기 기준을 관계 안에 다시 놓는 연습에 가깝다. 지금까지의 규칙이 "먼저 맞춘다"였다면, 새로운 규칙은 "내 기준도 함께 놓는다"에 가깝다. 창수 씨도, 윤서 씨도 갑자기 사람이 달라지고 싶었던 건 아니다. 다만 계속 이렇게 가면, 관계는 유지될지 몰라도 자기 자신은 점점 사라질 것 같다는 느낌이 들었을 뿐이다.

규칙을 다시 쓴다는 건, 관계를 다시 쓰겠다는 뜻이 아니다. 관계 안에서 내가 서 있는 위치를 조금 옮기겠다는 뜻에 가깝다. 이 변화는 아주 작은 데서 시작된다. "오늘은 먼저 들어가겠습니다" "이 일정은 저는 이렇게 하고 싶어요" "그건 이번에는 어렵습니다" 말은 짧고, 이유는 길게 붙이지 않는다. 처음에는 말하고 나서 마음이 불편해질 수도 있다.

하지만 중요한 건, 그 말 한마디가 관계의 규칙을 아주 조금 바꾼다는 점이다. 처음에는 주변에서도 어색해한다. "어, 네가 그런 말을 하네?" 같은 반응이 나올 수도 있다. 하지만 시간이 지나면, 사람들은 그 새로운 위치에 맞게 다시 움직이기 시작한다. 그리고 그때, 관계는 생각보다 쉽게 무너지지 않는다는 걸 보게 된다. 여기서 많은 사람들이 이런 걱정을 한다. "이렇게 하면 관계가 멀어지지 않을까" "이렇게 하면 나를 싫어하지 않을까"

이미 한쪽만 계속 맞추는 관계는, 겉보기에는 유지되고

있어도 안쪽에서는 이미 조금씩 멀어지고 있는 상태다. 기준을 다시 세우는 건, 관계를 망치기 위한 행동이 아니라 관계를 현실적인 자리로 돌려놓는 과정에 가깝다.

이렇게 규칙이 조금씩 바뀌면, 감정의 흐름도 달라진다. 만나고 나서 덜 지친다. 약속을 정할 때 덜 부담스럽다. 무언가를 말하고 나서 덜 후회한다. 그리고 가장 큰 변화는, 관계 안에서 내가 다시 느껴지기 시작한다는 점이다. 자기주장은 싸우는 법이 아니다. 밀어붙이는 기술도 아니다. 나를 관계 안으로 다시 데려오는 방법에 가깝다.

✦ 기울어진 판을 바로잡는 '자기주장' 루틴

관계의 주도권은 내가 내 목소리를 낼 때 비로소 평평해집니다. 하루에 한 번, 아주 사소한 것부터 내 기준을 말해보세요.

"오늘은 제가 가고 싶은 식당으로 가도 될까요? 저는 이 음식이
 먹고 싶네요."
"그 약속 시간은 제게 좀 빠듯합니다. 30분만 늦춰주실 수 있나요?"
"좋은 제안이지만, 지금의 저에게는 이 선택이 최선인 것 같습니다."

감정이 올라오는 순간
나는 다시 휘둘린다
- 감정이 운전대를 잡는다

서연 씨는 회의에서 상사의 말 한마디를 듣는 순간 머릿속이 하얘진다. 큰 지적도 아니었는데 가슴이 답답해지고 숨이 짧아진다. 그 뒤로 회의 내용은 거의 기억나지 않는다. 머릿속에는 한 생각만 맴돈다. "내가 또 잘못했구나" 집에 돌아와서도 하루 종일 기분이 가라앉아 아무것도 하기 싫어진다.

민수 씨는 배우자와 작은 말다툼을 한 뒤 하루 종일 그 장면에서 빠져나오지 못한다. 상대는 이미 다른 이야기를 하는데, 혼자만 가슴이 답답하고 몸이 축 처진다. 머릿속에서는 "내가 너무 예민했나" "괜히 말을 꺼냈나" 같은 생각이 끝없이 돈다. 그날 하려던 일들은 거의 손에 잡히지 않는다.

이 두 사람의 공통점은 분명하다. 감정이 올라오는 순간, 하루의 방향이 통째로 바뀐다. 무슨 일이 있었는지보다, 그때 느낀 감정이 하루 전체를 끌고 간다. 사람들은 흔히 "내가 예민해서 그래"라고 말하지만, 여기서 벌어지는 일은 단순한 기분 변화가 아니다. 감정이 '느껴지는 것'이 아니라 감정이 '결정을 대신하는 상태'에 가깝다.

심리학에서는 이런 상태를 '정서 융합'이라고 부른다. 감정을 하나의 신호로 보지 못하고, 그 감정이 곧 현실인 것처럼 따라가버리는 상태다. 불안하면 정말로 위험한 것 같고, 죄책감이 들면 내가 잘못한 것처럼 느껴진다. 그래서 서연 씨는 "불안하다"를 "나는 무능하다"로, 민수 씨는 "마음이 무겁다"를 "내가 틀렸다"로 바꿔 버린다.

감정이 올라오는 순간, 생각과 선택이 함께 끌려간다.

이제 점점 감정에 지배되는 방식으로 하루를 살게 된다. 아침 기분이 가라앉으면 하루가 같이 가라앉고, 누군가의 말 한마디에 그날의 판단이 전부 흔들린다. 그러다 보면, 내 삶의 운전대를 내가 아니라 감정이 잡고 있는 상태가 된다. 많은 사람들이 이걸 의지의 문제로 생각하지만, 감정을 다루는 방식이 아직 분리되지 않았을 뿐이다. 감정이 생기는 것과, 그 감정을 따라 결정을 내리는 것은 다른 일인데, 이 둘이 아직 한 덩어리로 묶여 있다.

이렇게 살다 보면 선택의 기준은 점점 단순해진다. 불안하면 피하고, 죄책감이 들면 물러나고, 마음이 불편하면 맞춘다. 순간은 편해지지만, 그 선택들이 쌓일수록 삶의 방향은 점점 감정이 정한 쪽으로 굳어진다. 그래서 사람들은 종종 이런 느낌을 갖게 된다. "나는 항상 같은 자리로 돌아오는 것 같다"

여기서 필요한 건, 감정을 없애는 일이 아니다. 대신 감정과 나 사이에 아주 작은 거리를 만드는 연습이다. "지금 나는 불안하다" "지금 나는 죄책감이 올라왔다" 이 말은 "그래서 나는 틀렸다"는 뜻이 아니라 지금 내 안에 이런 신호가 지나가고 있다는 관찰에 가깝다.

감정이 올라와도, 그 감정이 바로 선택이 되지 않게 한 박자 멈추는 것. "이 감정이 말하는 게 사실일 수도 있고 아닐 수도 있다"는 여지를 남기는 것. 그게 운전대를 다시 손에 가져오는 첫 단계다. 처음에는 어렵다. 하지만 몇 번만 감정이 올라온 상태에서도 선택을 바꾸지 않고 버텨보면, 몸은 조금씩 다른 경험을 하기 시작한다.

불안했지만 아무 일도 없었다는 경험, 죄책감이 있었지만 관계가 무너지지 않았다는 경험. 이게 쌓일수록 감정은 여전히 올라오지만, 그 감정이 삶을 끌고 가는 힘은 조금씩 줄어든다. 감정이 올라오는 건 문제가 아니다. 문제는, 그 감정이 나 대신 모든 결정을 해버릴 때다. 그리고 그 구조에서 빠져나오는 첫걸음은, "아, 지금 내가 감정과 너무 붙어 있구나" 하고 한 번 알아차리는 것부터 시작된다.

✦ 감정의 폭풍 속에서 나를 분리하는 연습

감정이 나를 집어삼키려 할 때, 내 상태를 한 발 떨어져서 중계해
보세요.

"아, 지금 내 마음속에 '불안'이 올라왔구나."
"내 머리가 지금 '너는 잘못했어'라는 이야기를 상영하고 있네."
"심장이 빨리 뛰는 걸 보니 몸이 긴장 신호를 보내고 있군."

죄책감은 나를 착하게 만들고
동시에 묶어둔다
- 착함이라는 덫

유진 씨는 부탁을 받으면 먼저 "해볼게요"라는 말이 나온다. 일정이 꽉 차 있어도 그 말이 먼저 튀어나온다. 대답을 하고 나면 명치끝이 찌릿해지고 마음이 불편해진다. 전화를 끊고 나서야 숨이 길어진다. 그리고 곧바로 생각이 이어진다. "왜 또 그랬지" 하지만 이미 약속은 했다. 마음 한쪽에서는 억울함이 올라오고, 다른 한쪽에서는 "그래도 내가 안 하면 누가 하겠어"라는 말이 따라온다.

경수 씨는 가족 모임에서 늘 중간 역할을 맡는다. 누군가 불편해하면 먼저 눈치를 보고, 말이 거칠어지면 화제를 바꾼다. 누구와 싸운 것도 아닌데 기운이 빠져 있다. 가끔은 "오늘은 그냥 가만히 있고 싶었는데"라는 생각이 든다. 그런데도 다음 모임이 잡히면 또 같은 자리에 선다. 그렇지 않으면 뭔가 잘못하는 사람이 되는 느낌이 들기 때문이다.

이 두 사람의 공통점은 분명하다. 하기 싫어서 하는 게 아니라 안 하면 마음이 불편해질 것 같아서 한다. 그 불편함의 이름이 바로 죄책감이다. 사람들은 이런 자신을 두고 "나는 원래 착한 편이야"라고 말한다. 하지만 이 착함은, 편안함보다는 불안을 피하려는 선택에 더 가깝다. 거절하면 내가 나쁜 사람이 될 것 같아서 그냥 맞추는 쪽을 고른다.

심리학에서는 이런 상태를 '조건화된 죄책감'이라고 부른다. "거절하면 불편해진다. 맞추면 조용해진다"는 경험이 오래 반복되면서 몸이 배워버린 반응이다. 그래서 유진 씨는 "이번엔 힘들다"는 말을 떠올리는 순간 이미 마음이 불편해지고, 경수 씨도 "오늘은 쉬고 싶다"는 생각과 동시에 괜히 미안해진다. 아직 아무 일도 일어나지 않았는데, 몸은 이미 벌을 받은 것처럼 반응한다.

그러면 선택의 방향은 점점 단순해진다. 마음이 덜 불편한 쪽을 고른다. 그쪽은 대부분 나를 줄이는 선택이다. 겉으로는 착한 사람이 된다. 하지만 안쪽에서는 조금씩 힘이 빠진다. 하고 싶은 말은 줄어들고, 싫은 걸 싫다고 느끼는 감각도 무뎌진다. 그러다 어느 순간 이런 말이 나온다. "나는 왜 항상 나만 참는 것 같지"

여기서 많은 사람들은 자신을 탓한다. "내가 너무 약해서 그래" 하지만 이건 약함의 문제가 아니다. 오래 훈련된 반응의 문제다. 죄책감을 피하는 쪽으로 반복해서 선택해 온 결과, 몸이 그 길을 가장 안전한 길로 기억하고 있을 뿐이다. 이렇게 되면 죄책감은 경고등이 아니라 운전대가 된다. 마음이 불편해질 것 같으면, 그 방향으로는 아예 가지 않게 된다.

여기서 필요한 건, 갑자기 이기적으로 변하는 일이 아니다. 죄책감을 없애겠다고 마음먹는 것도 아니다. 대신 질문을 이렇게 바꿔보는 게 도움이 된다.

이 선택이 누군가를 해치기 때문에 불편한 걸까, 아니면 오래된 규칙을 어기고 있어서 불편한 걸까. 많은 경우 후자에 가깝다. 그래서 도움이 되는 건, 죄책감이 올라와도 그 감정을 바로 따라가지 않는 연습이다. "이번에는 어렵습니다" "이건 다른 사람이 맡아도 될 것 같습니다" 그렇게 말하고 나면 마음이 불편해질 수 있다. 하지만 그 불편함이 곧바로 큰일로 이어지지는 않는다.

그걸 몇 번만 경험하면, 죄책감의 설득력은 조금씩 약해진다. 처음에는 착하지 않은 사람이 된 것 같은 기분이 들지만, 시간이 지나면 다른 감정이 남는다. 조금 덜 지친 느낌, 조금 덜 억울한 느낌. 그리고 그게 쌓이기 시작하면 알게 된다. 착함은 미덕일 수 있지만, 나를 묶어두는 방식으로만 쓰일 필요는 없다는 것을.

✦ 죄책감이라는 가짜 알람 구별하기

미안함이 올라올 때, 그게 '진짜 잘못'인지 '오래된 습관'인지 물어
보세요.

"내가 이걸 거절하면 정말 누군가를 해치게 되는 걸까?"
"이 미안함은 지금의 상황 때문일까, 예전부터 배운 반응일까?"
"미안해하면서도 거절할 수 있다. 이 불편함은 지나간다."

나는 자동으로 사과하고
자동으로 물러난다
- 반사적으로 진다

태훈 씨는 회의에서 자기 의견을 한 번 냈다가 곧바로 "아니면 말고요"라는 말을 덧붙인다. 상대 표정이 조금만 굳어 보여도 가슴이 내려앉는다. "제가 잘못 생각한 것 같네요"라는 말이 먼저 나온다. 회의가 끝나면 늘 같은 기분이 찜찜하다. 말은 했는데, 한 것 같지가 않다. 몸에는 힘이 빠지고 머릿속에는 "왜 또 그랬지"라는 말만 맴돈다.

소연 씨는 친구와 약속 일정이 바뀌면 먼저 "미안해"라고 말한다. 본인이 잘못한 건 아니다. 상황이 바뀌었을 뿐이다. 그런데도 통화를 끊고 나면 속이 묵직해지고 어깨가 굳는다. "괜히 민폐를 준 건 아닐까"라는 생각이 따라온다. 그래서 다음번에는 조금 무리해서라도 맞춘다. 그게 마음이 덜 불편하기 때문이다.

이 두 사람의 공통점은 분명하다. 상황을 보기 전에, 몸이 먼저 사과하고 물러난다. 생각이 판단하기 전에 이미 한 발 뒤로 가 있다. 여기서 벌어지는 일은 선택이라기보다 반사에 가깝다. 부딪힐 것 같은 느낌이 오면, 그 전에 먼저 접는다.

예전에 맞추고 물러났을 때 상황이 잠잠해졌던 경험이 반복되면서, 몸이 그 방식을 가장 빠른 해결책으로 배워버린 상태다. 위험해 보이면 사과한다. 불편해질 것 같으면 뒤로 물러선다.

실제로 문제가 생기기 전에, 몸이 먼저 반응한다. 그래서 태훈 씨는 반대가 나오기도 전에 말을 접고, 소연 씨는 상대가 서운해할지 알 수 없어도 먼저 미안해한다.

그렇게 조금이라도 긴장되면 물러난다. 그러다 보면 관계는 조용해질 수는 있지만, 내 자리는 점점 뒤로 밀린다. 그리고 마음속에는 이런 말이 쌓인다. "나는 왜 항상 손해보는 쪽이지" 많은 사람들은 이걸 성격 탓으로 돌린다. 하지만 이건 성격의 문제가 아니다. 몸이 이미 배워버린 자동 반응의 문제다.

한때는 그게 가장 안전한 선택이었을 것이다. 그래서 몸은 아직도 그 길을 고른다. 그러다 보면 겉으로는 "편한 사람"이 되지만, 안쪽에서는 점점 아무 말도 하고 싶지 않은 사람이 된다. 말을 꺼내는 순간 이미 물러날 준비부터 하고 있기 때문이다.

여기서 필요한 건 갑자기 강해지는 일이 아니다. 싸우는 법을 배우는 것도 아니다. 대신 자동으로 움직이기 전에 아주 잠깐 멈추는 연습이다.

상대가 말했을 때 "제가 잘못했어요"라고 나오기 전에, 속으로 한 박자 멈추는 것. 그리고 한 번 더 묻는 것이다.

"이 사과는 정말 필요한 걸까, 아니면 불편해질까 봐 먼저 물러나는 걸까" 처음에는 불안하다. 하지만 몇 번만 사과하지 않고도 상황이 지나가는 경험을 해보면 몸은 다른 걸 배우기 시작한다. 물러나지 않아도 괜찮았다는 경험. 바로 접지 않아도 관계가 무너지지 않았다는 경험.

사과는 필요할 때 하는 것이다. 물러남도 선택일 때 의미가 있다. 하지만 늘 자동으로 나오고 있다면, 그건 습관이다. 그리고 그 습관에서 한 걸음만 벗어나도, 관계 안에서 내 위치는 조금씩 달라지기 시작한다.

✦ 습관적 사과를 멈추는 '3초의 여백'

"죄송합니다"가 나오려 할 때, 속으로 3초만 세어보세요.
"지금 내가 정말 사과해야 할 잘못을 했나?"
"상대가 화낸 것도 아닌데, 내가 먼저 기죽을 필요가 있나?"
"미안하다는 말 대신 사실만 말해보자."

괜찮은 척할수록
마음은 더 힘들어진다
– 참으면 편해질 줄 알았는데 더 힘들어진다

지은 씨는 힘든 일이 있어도 "괜찮아"라는 말을 먼저 한다. 회사에서 일이 몰려도, 집에서 돌볼 일이 겹쳐도, 그냥 넘긴다. 속으로는 가슴이 답답하고 명치가 타들어 가는데, 겉으로는 무표정하거나 희미한 미소를 띠며 표정을 관리한다. 어느 날은 퇴근길에 갑자기 눈앞이 멍해지고, 아무 이유 없이 눈물이 날 것 같은 느낌이 든다. 집에 와서야 몸이 축 늘어진다. 그제야 알게 된다. 오늘 하루가 생각보다 훨씬 버거웠다는 걸.

동훈 씨는 가족들 앞에서 힘든 티를 거의 내지 않는다. "나야 뭐 괜찮지"라는 말을 자주 한다. 속으로는 짜증이 치솟고 억울함이 쌓여 가슴이 벌렁거리지만, 그런 감정은 그냥 꿀꺽 삼킨다. 그러다 어느 날, 별것 아닌 일에 갑자기 목소리가 커진다. 본인도 놀란다. 왜 이렇게까지 예민해졌는지 이해가 안 된다.

두 사람의 공통점은 분명하다. 힘들다는 신호를 밖으로 내보내지 않고 안으로 밀어 넣는다. 그게 계속되면, 마음은 다른 방식으로 새어 나온다. 이럴 때 사람들은 이렇게 말한다. "지금 이 정도는 다들 견디잖아" "이 정도 가지고 힘들다고 하면 너무 유난이지" 하지만 이런 말들은, 마음을 가볍게 해주기보다는 더 깊이 눌러두는 역할을 한다. 당장은 버틸 수 있을지 몰라도, 그 감정은 사라지지 않는다. 그냥 보이지 않는 곳으로 밀려날 뿐이다.

심리학에서는 이런 현상을 '정서 회피 역설'이라고 부른다. 느끼기 싫어서 피한 감정이 오히려 더 큰 힘으로 돌아오는 현상이다. 슬픔을 무시하면 몸이 먼저 무거워지고, 분노를 눌러두면 엉뚱한 데서 터진다. 불안을 모른 척하면, 이유 없는 긴장으로 남는다. 그래서 지은 씨는 계속 버티다가, 어느 날 갑자기 아무것도 하기 싫어지는 상태로 떨어진다. 동훈 씨도 참고 참다가, 전혀 상관없는 상황에서 감정이 튀어나온다. 문제는 그 일이 아니라 그동안 쌓인 감정의 무게다.

그렇게 되면 힘들다는 말을 하지 않는다. 불편해도 그냥 넘긴다. 대신 몸이 먼저 신호를 보낸다. 잠이 잘 안 온다. 작은 일에도 쉽게 지친다. 이유 없이 예민해진다. 하지만 이때도 많은 사람들은 이렇게 말한다. "요즘 내가 좀 예민한가 보다" "컨디션이 안 좋아서 그래" 그러면서 또다시 마음의 신호를 무시하는 쪽을 고른다.

이렇게 살다 보면, 감정과의 관계가 점점 이상해진다. 감정을 느끼는 건 약한 일 같고, 버티는 게 어른스러운 일 같고, 아무렇지 않은 얼굴을 하는 게 잘 사는 방법처럼 느껴진다. 하지만 감정은 무시하면 조용해지는 존재가 아니다. 누를수록 다른 방식으로 더 크게 말하기 시작한다. 여기서 필요한 건, 감정을 한꺼번에 쏟아내는 일이 아니다. 다 쏟아놓고 후련해지는 방식도 아니다. 대신 아주 작은 신호부터 인정하는 연습이다.

"지금 좀 피곤하다" "이건 조금 부담된다" "이건 나한테는 벅차다" 이 정도의 말만 해도, 감정은 더이상 몸으로 소리칠 필요가 줄어든다. 처음에는 이런 말이 익숙하지 않다. 약해 보일 것 같고, 분위기를 흐릴 것 같기도 하다. 하지만 몇 번만 감정을 숨기지 않아도 관계가 무너지지 않는 경험을 해보면, 마음은 다른 걸 배우기 시작한다.

참지 않아도 괜찮았다는 경험. 괜찮은 척하지 않아도 세상이 무너지지 않았다는 경험. 그 경험이 쌓일수록 마음은 더이상 극단적인 방식으로 신호를 보내지 않는다. 괜찮은 척하는 건, 잠깐은 버티게 해준다. 하지만 오래 쓰면, 마음을 더 힘들게 하는 방식이 된다. 그리고 진짜 회복은, 참는 데서 시작되지 않고, 느끼는 걸 다시 허락하는 데서 시작된다.

✦ '괜찮다'는 가면 아래 숨겨진 신호 읽기

감정을 억누르는 것은 시한폭탄의 스위치를 누르는 것과 같습니다. 폭발하기 전에 내 몸이 보내는 아주 작은 불편함부터 인정해주세요.

"지금 내 마음이 '힘들어'라고 말하고 있네. 이건 엄살이 아니야."
"가슴이 답답한 걸 보니 내가 이 상황을 참기 버거워하고 있구나."
"오늘은 무리하지 말고 내 컨디션에 맞춰서 조금 일찍 쉬어보자."

나를 몰아세우는 생각과
조금씩 거리를 둔다
- 생각을 그대로 믿지 않는다

현아 씨는 하루를 마치고 침대에 누우면, 머릿속이 더 바빠진다. "오늘 그 말은 왜 그렇게 했을까" "괜히 또 분위기 흐린 건 아닐까" 생각이 꼬리를 문다. 몸은 이미 지쳤는데, 머리는 쉬지 않고 가슴이 두근거려 잠이 오지 않는다. 생각이 멈추지 않는 밤이 자주 반복된다.

준호 씨는 일을 하나 마치고 나면, 성과보다 실수가 먼저 떠오른다. 잘한 일은 금방 지나가고, 사소한 말 한마디가 계속 마음에 걸린다. 그럴 때마다 어깨가 축 처지고 미간에 힘이 들어가 두통이 시작된다. "그렇게 말한 건 실수였어" "역시 나는 항상 문제를 만든다" 이런 생각이 하루 종일 머릿속을 맴돈다. 그러면 다음번에는 아예 말을 줄이거나, 시도 자체를 망설이게 된다.

이 두 사람의 공통점은 분명하다. 문제가 생겼기 때문이 아니라 생각이 문제처럼 굴기 시작한다. 그리고 그 생각은 사실처럼 느껴진다. 이럴 때 사람들은 이렇게 말한다. "나는 원래 생각이 많은 편이야" "나는 나한테 엄격한 편이지" 하지만 여기서 벌어지는 일은, 단순히 생각이 많다는 차원의 문제가 아니다. 생각과 나 사이의 거리가 거의 없는 상태에 가깝다. 생각이 떠오르면, 그 생각이 곧 나 자신인 것처럼 느껴진다.

심리학에서는 이런 상태를 '탈융합'이라는 개념으로 설명한다. 생각을 없애는 게 아니라 생각과 나 사이에 거리를 두는 연습을 말한다. 생각은 마음속에서 일어나는 사건이지, 항상 사실이거나 진실은 아니다. 현아 씨의 "나는 또 잘못했다"라는 생각은 하나의 해석일 뿐이다. 준호 씨의 "나는 항상 문제를 만든다"라는 문장도, 마음이 만들어낸 하나의 이야기에 가깝다. 하지만 생각과 너무 붙어 있으면, 그 이야기는 곧 현실이 되어버린다.

이제 사람들은 점점 생각의 지시에 따라 움직이게 된다. "괜히 나서지 말자" "이번엔 그냥 조용히 있자" "또 실수할 거야" 그러다 보면, 삶의 선택지는 조금씩 줄어든다. 실제로 위험해서가 아니라 머릿속에서 이미 위험하다고 판결이 내려졌기 때문이다.

여기서 많은 사람들이 이렇게 자신을 평가한다. "내가 너무 소심해서 그래" "내가 너무 부정적인 사람인가 보다" 하지만 이건 성격의 문제가 아니다. 생각을 사실로 다루는 습관의 문제다.

생각은 자동으로 떠오른다. 막을 수 없다. 문제는 그 생각을 얼마나 믿고 따르느냐다. 생각이 떠올랐다는 것과, 그 생각이 맞다는 것은 전혀 다른 일이다. 여기서 필요한 건, 생각을 바꾸려고 애쓰는 게 아니다. 그건 잘 되지 않는다. 대신 생각을 바라보는 위치를 바꾸는 것이다.

"아, 또 이런 생각이 왔구나" "내 머리가 지금 이런 이야기를 하고 있네" 이렇게 한 발짝 떨어져서 보면, 생각은 여전히 있지만, 그 힘은 조금 약해진다. 생각이 나를 끌고 가는 게 아니라 내가 생각을 보고 있는 상태에 가까워진다. 처음에는 이 거리감이 낯설다. 여전히 생각은 설득력 있게 들린다. 하지만 몇 번만 생각을 그대로 따르지 않고 지나가게 두는 경험을 해보면, 마음은 조금씩 다른 걸 배운다.

그 생각을 따라가지 않아도, 큰일은 일어나지 않았다는 경험. 그 생각이 시키는 대로 안 해도, 하루는 흘러갔다는 경험. 이 경험이 쌓일수록 생각은 여전히 떠오르지만, 그 생각이 내 삶을 좌지우지하는 힘은 줄어든다.

나를 몰아세우는 생각은 없어지지 않을 수도 있다. 하지만 그 생각과의 거리는 조금씩 달라질 수 있다. 그리고 그 거리만큼 삶의 선택지는 다시 조금씩 넓어진다.

✦ 머릿속의 비난을 '라디오 소리'로 바꾸기

나를 몰아세우는 생각들을 절대적인 진리가 아니라 잠시 켜진 배경음악이나 라디오 소리처럼 취급해보세요.

"내 머리라는 라디오에서 '나는 부족해'라는 방송이 나오고 있군."
"생각은 구름처럼 지나가는 마음의 사건일 뿐, 나의 실체는 아니다."
"이 생각이 맞는지 틀린지는 지금 판단하지 않고 잠시 그대로 두겠다."

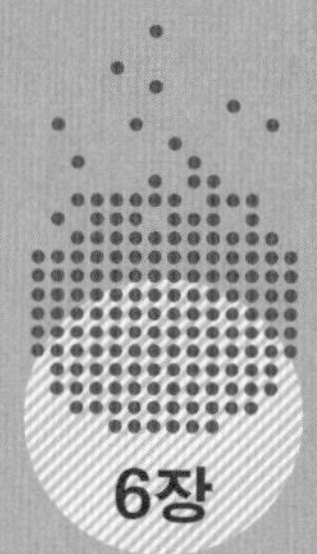

나는 왜 말 한마디 못 하고 손해를 보는가?

- 말의 구조를 배운 적이 없기 때문이다

말을 꺼내기 전부터 변명을 붙이는 태도는 스스로를 낮은 자리에 고착시켜 대화의 판을 시작부터 기울게 만든다. 상대를 배려하느라 돌려 말하는 방식은 의사 결정의 방향을 모호하게 만들어 결국 아무도 내 말을 듣지 않게 되는 결과를 초래한다. 거절을 협상의 자리로 만들지 않으려면 이유를 덧붙이지 않는 단호하고 짧은 침묵이 가장 강력한 도구가 된다. 고장 난 레코드판처럼 일관된 입장을 반복하고, 필요하다면 침묵으로 무관심을 표현하는 무반응의 힘을 활용해야 한다. 경계는 입으로 긋고 몸으로 지키는 것이기에, 말이 실제 현실이 되도록 즉시 행동으로 옮길 때 비로소 타인은 나의 선을 존중하기 시작한다.

감정은 나를 괴롭히러 온 게 아니라 알려주러 온다
- 감정은 신호다

미정 씨는 월요일 아침마다 거울을 보면 얼굴이 굳어 있다. 회사에 가까워질수록 가슴이 조여 오고 숨이 짧아진다. 회의실에 앉아 있으면 괜히 몸에 힘이 들어가고, 오후가 되면 이유 없이 지쳐 있다. 그녀는 그걸 "요즘 내가 예민해서 그래"라고 넘긴다. 그런데 별것 아닌 질문 하나에도 심장이 빨리 뛰고 말이 잘 안 나온다. 집에 돌아오면 온몸이 무겁다. "왜 이렇게 지쳤지" 그렇게 생각하지만,

다음 날도 같은 방식으로 하루를 시작한다.

지훈 씨는 가족 모임에서 늘 웃는다. 분위기도 맞춘다. 그런데 누군가 무심하게 던진 말 한마디에 속이 아픈 날이 있다. 가슴이 답답해지고 목이 잠긴 듯하지만, 그는 그냥 웃고 넘긴다. "별말 아닌데 뭐" 하지만 집에 돌아오면 괜히 예민해져 있다. 아이와 아내에게 날이 서 있다. 그는 잠깐 "아까 그 말 때문인가" 생각하다가, 곧 "피곤해서 그렇지"로 정리해버린다.

이 두 사람의 공통점은 분명하다. 감정이 이미 여러 번 신호를 보내고 있었는데, 그걸 계속 무시하고 있었다는 점이다. 미정 씨의 긴장과 피로는 이미 감당할 수 있는 선을 넘고 있다는 신호이고, 지훈 씨의 속 쓰림과 예민함은 마음이 꽤 다쳤다는 표시다. 하지만 두 사람 모두 이렇게 생각한다. '이 정도는 다들 견디잖아' '괜히 유난 떨지 말자' 그리고 감정을 고장 난 알람처럼 꺼버린다.

심리학에서는 감정을 하나의 '신호'로 본다. 불안은 준비가 필요하다는 신호일 수 있고, 분노는 경계가 넘어왔다는 신호일 수 있으며, 슬픔은 무언가를 잃었다는 신호일 수 있다. 감정은 문제를 일으키려고 오는 게 아니라 커지기 전에 알려주려고 먼저 온다. 그런데 이 신호를 계속 무시하면, 감정은 몸이나 짜증, 무기력 같은 다른 방식으로 말하기 시작한다. 못 들은 척할수록, 신호는 더 크게 울린다.

이제 사람들은 감정과 싸우며 살게 된다. 불안은 없애려 하고, 서운함은 눌러두고, 짜증은 참고 넘긴다. 하지만 감정은 사라지지 않는다. 쌓였다가 엉뚱한 데서 터진다. 그래서 사람들은 스스로를 이렇게 평가한다. "내가 왜 이렇게 예민해졌지" "내가 왜 이렇게 약해졌지" 하지만 이건 약해진 게 아니라 신호를 너무 오래 무시해 온 결과에 가깝다.

감정은 제거해야 할 적이 아니라 확인해야 할 메시지에 가깝다. 가슴이 조여 오면 "내가 지금 너무 몰리고 있나"를 물어볼 수 있고, 속이 아프면 "이 관계에서 참고 있는 게 있나"를 살펴볼 수 있다. 감정을 그대로 다 따를 필요는 없다. 하지만 신호 자체를 무시한 채 계속 달리기만 하면, 몸과 마음은 더 거친 방식으로 멈추라고 말하게 된다. 여기서 필요한 건 감정을 통제하는 기술이 아니라 감정을 읽는 태도다.

"아, 지금 내 몸이 뭔가를 말하고 있구나" 이렇게 한 번 알아차려 주는 것만으로도, 감정은 더이상 몸으로 소리칠 필요가 줄어든다. 처음에는 낯설고 더 예민해진 것처럼 느껴질 수도 있다. 하지만 몇 번만 신호를 신호로 다뤄보면 마음은 다른 걸 배우기 시작한다. 감정을 인정해도 큰일이 나지 않는다는 경험. 그 경험이 쌓일수록 감정은 적이 아니라 나를 지키려 먼저 알려주는 편이라는 걸 조금씩 알게 된다.

감정은 나를 괴롭히러 오는 게 아니다. 내가 너무 많이 참고 있거나, 너무 멀리 와 있거나, 너무 나를 빼놓고 살고 있다는 걸 알려주러 먼저 온다. 그 신호를 조금만 진지하게 듣기 시작할 때, 사람은 같은 자리로 되돌아오는 횟수를 서서히 줄이기 시작한다.

✦ 감정이라는 메신저를 환대하는 법

감정을 쫓아내려 하지 말고, 무엇을 알려주러 왔는지 물어보세요.

"가슴이 답답한 걸 보니 내가 지금 많이 몰려 있구나."
"이 짜증은 사실 서운함이었겠구나."
"이 피로는 오늘 나를 좀 돌보라는 신호구나."

변명은 나를 작게 만들고
단호함은 나를 세운다
- 태도가 위치를 바꾼다

수진 씨는 회의에서 자기 차례가 오면 말을 꺼내기 전부터 마음이 바쁘다. "제가 잘 몰라서 그런데요"라는 말이 먼저 떠오른다. 의견은 있다. 하지만 틀릴까 봐, 분위기를 거스를까 봐, 말 앞에 설명을 잔뜩 붙인다. 목소리는 가늘어지고 시선은 자꾸 피한다. "이게 맞는지는 모르겠는데요" 그렇게 말하고 나면, 정작 하고 싶은 말은 힘을 잃는다. 회의가 끝나고 나오면 늘 같은 느낌이 든다. 말은 했는데, 한 것 같지가 않다.

영호 씨는 거래처와 통화할 때마다 말이 길어진다. 전화를 걸기 전부터 가슴이 두근거리고 뒷목이 뻐근하다. "제가 그때 이런 상황이었고, 그래서…" 설명이 점점 늘어난다. 상대는 중간에 끼어들고, 대화는 흐름을 잃는다. 전화를 끊고 나면 이런 생각이 든다. "왜 나는 말만 하면 이렇게 작아질까"

이 두 사람의 공통점은 분명하다. 말을 하기 전에, 이미 스스로를 한 단계 낮춘 자리에서 시작한다. "조심하는 게 좋지" "괜히 튀지 말자" 그래서 말 앞에 이런 문장이 붙는다. "제가 잘 몰라서요" "이게 맞는지는 모르겠는데요" 이 말들은 겸손해 보이지만, 동시에 내 말을 약하게 만든다. 듣는 쪽에서는 이렇게 받아들이기 쉽다. "아, 본인도 확신이 없구나"

사람은 말을 시작하는 태도로 이미 자기 자리를 정한다. 내가 낮은 자리에서 시작하면, 상대도 나를 그 자리에서 다루기 쉽다. 그래서 수진 씨의 말은 내용보다 조심스러움이 먼저 전달되고, 영호 씨의 말은 요구보다 미안함이 먼저 전해진다. 대화의 판은 말이 끝나기도 전에 이미 기울어진다.

그러면 사람들은 이렇게 생각한다. '내 말은 원래 힘이 없다' 하지만 말이 약한 게 아니라 출발 위치가 늘 뒤쪽일 뿐이다. 많은 사람들은 이걸 성격 탓으로 돌린다. "내가 소심해서" 하지만 이건 말솜씨의 문제가 아니라 어디에 서서 말하느냐의 문제에 가깝다.

같은 말도 이렇게 시작하면 다르게 들린다. "제가 잘 몰라서 그런데요, 이건 좀 아닌 것 같아요" 그리고 이렇게 말하면, 분위기가 달라진다. "이건 제 입장에서는 어렵습니다"

앞의 말은 허락을 구하는 자리에서 시작하고, 뒤의 말은 입장을 말하는 자리에서 시작한다. 둘 다 부드러울 수 있다. 하지만 위치는 완전히 다르다. 변명은 나를 보호하는 것처럼 보이지만, 실제로는 나를 한 발 뒤로 물러나게 한다. 단호함은 공격이 아니라 내가 어디에 서 있는지를 보여주는 태도에 가깝다.

이 구조가 굳어지면, 대화는 늘 비슷해진다. 설명하고, 설득하고, 그러다 보면 어느새 허락을 받아야 하는 사람처럼 말하고 있다. 말은 길어지고 결정권은 줄어든다. 그래서 필요한 건, 말을 더 잘하는 기술이 아니다. 말을 시작하는 위치를 바꾸는 연습이다.

"제가 잘 몰라서요" 대신 "제 입장은 이렇습니다" 처음에는 이 말들이 조금 세게 느껴질 수 있다. 하지만 몇 번만 써보면, 생각보다 관계는 크게 흔들리지 않는다. 그리고 말하고 난 뒤에 덜 초라해진 느낌이 남는다.

단호함은 누군가를 누르기 위한 태도가 아니다. 나를 제자리에 세우는 태도다. 말을 바꾸는 게 아니라 내가 서 있는 위치를 바꾸는 것. 그 작은 차이가 관계에서의 크기를 조금씩 바꿔놓는다.

✦ 대화의 주도권을 가져오는 '직진 화법'

문장 앞에 붙은 불필요한 사과와 망설임을 떼어내세요. 첫 문장만
달라져도 자리가 바뀝니다.

"이건 제 입장에서는 받아들이기 어렵습니다."
"제 생각은 이렇습니다."
"상황은 이해하지만, 이번 선택은 바꾸지 않겠습니다."

분명히 말했는데
왜 아무도 안 듣는 걸까
– 돌려 말하면 안 통한다

하린 씨는 팀 단톡방에 이렇게 남겼다. "이번 일정은 조금 빠듯한 것 같아요" 메시지를 보내고 나니 마음이 조금 놓였다. 어렵다는 뜻을 전한 거라고 생각했다. 그런데 잠시 뒤 답이 왔다. "그럼 더 서둘러야겠네요" 그 순간 하린 씨는 화면을 보며 멍해졌다. 자기는 힘들다고 말한 건데 이야기는 더 밀어붙이는 쪽으로 흘러갔다. 하린 씨는 더 말을 하지 못했다. 분명히 말한 것 같은데 아무것도 바뀌지 않았다.

민재 씨는 가족 모임 단체방에 이렇게 썼다. "이번 주말엔 집에서 쉬고 싶긴 한데요" 메시지를 보내고 나서 괜히 미안한 마음이 들었다. 그러자 누군가가 답했다. "그럼 잠깐만 얼굴 보자" 그 답장을 보는 순간 민재 씨는 불쾌감을 느꼈다. 민재 씨는 잠시 화면을 보다가 "그래요"라고 답했다. 집에 가는 길에 속이 답답했다. 분명히 말한 것 같은데 결과는 늘 똑같았다.

이 두 사람의 공통점은 분명하다. 말은 했지만 그 말 안에 선택이 들어 있지 않았다. 이럴 때 사람들은 이렇게 생각한다. '나는 분명히 말했어. 상대가 눈치가 없는 거야' 하지만 실제로는 말의 모양이 조금 다르다. "조금 빠듯한 것 같아요" "조금 부담스럽긴 합니다" 이 문장들은 상황을 설명하는 말이지 방향을 정하는 말이 아니다. 듣는 사람 입장에서는 이렇게 번역되기 쉽다. '그래 그렇다면 방법을 바꿔서 해보자. 그래도 가능하다는 뜻이네'

말은 나갔지만 행동을 바꿔야 할 필요성까지는 전달되

지 않은 상태다. 신호가 약하면 사람은 기존 방식대로 움직인다. 그래서 하린 씨의 "빠듯하다"는 말은 "그럼 더 당기자"로 바뀌고, 민재 씨의 "쉬고 싶다"는 말은 "그래도 올 수는 있겠네"로 해석된다. 말이 틀린 게 아니다. 다만 결정이 들어 있지 않다.

그러면 사람들은 점점 이렇게 느낀다. '말해도 안 바뀐다. 결국 내가 또 맞춰야 한다' 그리고 그 경험이 쌓일수록 말은 더 조심스러워지고 더 돌려진다. 그러면 신호는 더 약해지고 결과는 더 안 바뀐다. 이건 말솜씨의 문제가 아니다. 문장 안에 방향이 들어 있느냐의 문제다. 설명만 있고 선택이 없으면 상대는 바꿀 이유를 느끼지 않는다.

같은 내용을 이렇게 말하면 상황은 달라진다. "이번 일정은 저는 맡기 어렵습니다" "이번 주말에는 가지 않겠습니다" 이 말들은 길지 않다. 이유도 붙이지 않는다. 대신 어디로 갈지가 들어 있다. 약한 신호는 배려처럼 보일 수 있다. 하지만 동시에 상대가 아무것도 바꾸지 않아도 되게 만드는 말이 되기도 한다.

"조금 힘들 것 같아요" 대신 "이건 저는 어렵습니다"
"상황을 좀 봐야 할 것 같아요" 대신 "이번에는 하지 않겠습니다" 처음에는 이 말들이 딱딱하게 느껴질 수 있다. 하지만 몇 번만 이렇게 말해 보면 대화의 방향이 실제로 바뀌는 순간을 보게 된다. 분명히 말했는데 안 통하는 게 아니라 결정이 없는 말은 통할 수 없는 구조에 가깝다.

✦ 애매함을 걷어내고 '의사 결정'을 전달하는 법

힌트를 주는 대화는 그만두자. 상대에게 내 상태를 '추측'하게 하지 말고 내 '결정'을 통보해야 한다.

"힘들 것 같아요." 대신 "저는 못 하겠습니다."
"어려울지도 모르겠어요." 대신 "안 됩니다. 제 일정이 안 맞습니다."
"생각해볼게요." 대신 "이번에는 참여하지 않기로 결정했습니다."

단호한 말은 짧고
더는 설명하지 않는다
- 짧게 말해야 지킨다

미경 씨는 동료의 부탁을 거절하려고 마음먹고 전화를 받았다. 처음에는 이렇게 말했다. "이번에는 맡기 어렵습니다" 1초가 1분처럼 길게 느껴지는 불편한 침묵이 흘렀다. 그런데 잠깐의 침묵이 흐르자 마음이 불편해졌다. 그래서 말을 덧붙였다. "요즘 일이 너무 많기도 하고 집에 일도 좀 있어서요" 그 순간 상대의 톤이 바뀌었다. "그럼 이 부분만 네가 해주면 되잖아" 미경 씨는 다시 설명했다. "그것도 사실은 시간이 좀 걸리고요" 통화를 끊었을 때 그는 이미 그 일을 맡고 있었다.

선우 씨는 친구의 부탁을 거절할 때마다 이유를 길게 말한다. "이번 달에 지출이 좀 많고 다음 달에 중요한 일이 있고 컨디션도 별로 안 좋아" 설명을 하는 내내 얼굴은 화끈거리며 열이 오르고 시선은 바닥의 먼지만 쫓았다. 그러자 친구는 잠깐 생각하더니 말한다. "그럼 다음 달로 미루면 되겠네" 선우 씨는 다시 말을 고른다. 처음에 거절하려고 시작한 대화는 어느새 조건을 조정하는 대화가 되어 있다.

두 사람의 공통점은 분명하다. 거절은 했는데 그 다음부터는 협상이 시작되었다. 사람들은 이렇게 생각한다. '설명하면 이해해주겠지. 사정을 알면 봐주겠지' 하지만 현실에서는 설명이 붙는 순간 대화의 성격이 바뀐다. 선을 정리하는 자리가 아니라 조건을 바꾸는 자리가 된다.

심리학에서는 이런 방식을 '경계 언어'라고 부른다. 경계를 세우는 말은 상대를 납득시키기 위한 말이 아니라 이미 정해진 입장을 전달하는 말에 가깝다. 이 말의 특징은 간단하다. 짧다. 조건이 없다. 바꿀 여지가 없다.

미경 씨의 "이번에는 어렵습니다"는 그 자체로 끝나는 문장이었다. 그런데 거기에 "요즘 일이 많아서"가 붙는 순간 그 문장은 사정 설명이 되었고 사정 설명은 곧 조정 가능한 조건이 된다. 선우 씨의 "이번에는 안 돼"도 마찬가지다. 이유가 길어질수록 상대는 그 이유를 조정하면 될 문제로 받아들인다.

이제 사람들은 점점 이렇게 생각한다. '말을 하면 할수록 일이 생긴다. 설명할수록 빠져나오기 어려워진다' 그래서 더 조심스럽게 말하고 더 많은 설명을 준비한다. 하지만 그럴수록 경계는 더 흐려진다. 문제는 태도의 온도가 아니라 형식이다. 경계를 말할 때는 친절함보다 명확함이 먼저다. 같은 상황에서 이렇게 말하면 흐름은 전혀 달라진다.

"이번에는 맡지 않겠습니다" "그건 여기까지 하겠습니다" 이 말들은 짧다. 이유도 붙이지 않는다. 그래서 상대

182

는 바꿀 조건을 찾지 못한다. 대화는 설득이 아니라 확인 으로 끝난다.

물론 이런 말은 처음에는 꽤 불편하다. 괜히 관계가 딱 딱해질 것 같고 내가 너무 냉정한 사람처럼 느껴질 수도 있다. 하지만 몇 번만 이렇게 말해 보면 설명하지 않아도 상황이 정리되는 경험을 하게 된다.

그 경험은 분명히 다르다. 말하고 나서 덜 지친다. 집에 와서 다시 곱씹지 않는다. 무엇보다 내 말이 내 자리를 지 켜준 느낌이 남는다.

짧게 말하는 건 무례해지기 위해서가 아니다. 내가 정 한 선을 협상의 재료로 내놓지 않기 위해서다. 설명은 이 해를 돕는 도구일 수 있다. 하지만 경계를 세우는 순간에 는 설명이 그 경계를 허무는 도구가 되기도 한다. 그래서 단호한 말은 길 필요가 없다. 짧을수록 더 잘 지켜진다.

✦ 거절의 마침표를 찍는 단호한 침묵

거절 후에는 이유를 덧붙이지 마세요. 침묵은 상대가 내 결정을
수용하게 만드는 가장 강력한 공간입니다.

"아니오. 이번에는 맡지 않겠습니다." (말을 마친 후 침묵 유지)
"그 제안은 받아들이기 어렵네요. 이해해주시기 바랍니다."
"제 결정은 여기까지입니다. 다른 대안을 찾아보시는 게 좋겠어요."

같은 말을 반복하면
상대는 결국 물러난다
- 안 밀리면 판이 바뀐다

수아 씨는 회의 때마다 비슷한 부탁을 받는다. 처음에는 "이번엔 어렵습니다"라고 말한다. 그런데 상대가 한 번 더 말하면, "그럼 이 부분만이라도"라는 제안을 듣고 마음이 흔들린다. 명치 주변이 뻐근해지고 가슴 안쪽이 답답하게 막히는 불쾌감이 밀려오지만, 결국 조금 양보한다. 그러면 다음에는, 그 일이 당연히 수아 씨 몫처럼 돌아온다.

정민 씨는 가족 모임에서 늘 같은 부탁을 받는다. "이번에도 네가 운전하면 되지?" 처음에는 "이번엔 힘들어"라고 말한다. 하지만 몇 번 더 권하면, "그럼 이번만"이라는 말이 나온다. 그렇게 한 번, 두 번 반복되다 보니, 이제는 아무도 묻지 않는다. 그냥 그 역할이 그의 자리가 된다.

이 두 사람의 공통점은 분명하다. 처음에는 거절하지만, 끝까지 같은 말을 지키지는 못한다. 그러면 상대는 이렇게 생각한다. '조금 더 말하면 바뀐다' 하지만 관계는 한 번의 예외를 오래 기억한다. 그 예외가 반복되면, 곧 규칙이 된다.

심리학에서는 이런 작동 방식을 '일관성 원리'로 설명한다. 사람은 상대의 말이 얼마나 흔들리지 않는지를 보고 그 말을 기준으로 행동한다. 오늘은 안 되고, 내일은 되고, 그다음엔 또 안 되면, 상대는 '가능한 일'로 분류한다. 반대로 여러 번 같은 답이 돌아오면, 그 선은 현실의 경계가 된다. 그래서 수아 씨의 "이번엔 어렵습니다"가 다음에도 그다음에도 그대로 유지되지 않으면, 그 말은 협상의 시작이 된다. 정민 씨의 "이번엔 힘들어"가 결국 바뀌어 왔다면, 그 진짜 기준으로 받아들여지지 않는다.

상대는 악의가 없어도, 바뀌는 기준에 맞춰 움직일 뿐이다. 같은 말을 반복한다는 건, 소리를 높이는 게 아니다. 더 강하게 말하는 것도 아니다. 같은 내용을, 같은 형태로, 같은 자리에서 유지하는 것에 가깝다.

"이번에는 맡지 않겠습니다" "이번에도 맡지 않겠습니다" "이번에도 어렵습니다" 이 말들이 몇 번만 그대로 반복되면, 대화의 방향은 달라진다. 상대는 더이상 조건을 바꿔 보려고 시도하지 않는다. 그 선이 실제로 존재한다는 걸 배우기 때문이다.

물론 처음 몇 번은 불편하다. 상대도 다시 물어보고, 분위기도 잠깐 어색해질 수 있다. 하지만 그때마다 말의 모양을 바꾸지 않고 그대로 두는 것이 중요하다.

사람들은 종종 "한 번 거절하기가 어렵다"고 말한다. 하지만 실제로 더 어려운 건, 같은 거절을 여러 번 유지하는 것이다. 그걸 해낼 때, 비로소 말은 요청이 아니라 기준으로 작동하기 시작한다. 같은 말을 반복한다는 건, 고집을 부리는 일이 아니다. 내가 정한 선을 상황이 바뀌어도 그대로 지키는 것이다. 그리고 그 작은 일관성이 쌓일수록 관계의 판은 아주 천천히, 그러나 분명하게 바뀐다.

✦ 지치지 않고 'NO'를 반복하는 레코드 기법

상대를 설득하려 하지 말자. 고장 난 레코드판처럼 처음의 단호한 입장을 토씨 하나 바꾸지 않고 반복하는 것이 가장 강력한 방어다.

"방금 말씀드린 것처럼, 이번에는 맡기 어렵습니다."
"제 생각은 아까와 같습니다. 더이상 논의하기 힘드네요."
"반복해서 말씀드리지만, 제 결정은 바뀌지 않습니다."

침묵이 가장 단단한 경계가 될 때
- 말하지 않아도 된다

은지 씨는 몇 달째 같은 전화를 받는다. 친척 한 명이 무슨 일만 생기면 늘 은지 씨에게 먼저 전화한다. 처음에는 성실하게 들어주고, 같이 걱정해주고, 조언도 해준다. 그런데 전화는 점점 길어지고, 내용은 늘 비슷해진다. 전화를 끊고 나면, 은지 씨는 늘 기운이 쭉 빠진다. 한동안 고민하다가 더이상 자세히 반응하지 않기로 한다. 전처럼 길게 맞장구치지 않고, 조언도 하지 않는다. 짧게 "그렇구나” 정도만 말하고, 먼저 전화를 끊는다. 처음에는 상대가 더 자주 전화한다. 그런데 몇 주가 지나자 전화 횟수가 줄어든다.

민수 씨는 직장에서 늘 비슷한 말을 듣는다. “이거 잠깐만 네가 해줄 수 있지?” 처음에는 거절하기도 애매해서 그냥 해준다. 그러다 보니 그 부탁은 점점 당연한 몫이 된다. 하지만 이제는 길게 설명하지 않는다. 그저 조용히 자기 일에 다시 집중한다. 심장은 여전히 거세게 뛰지만, 억지로라도 고개를 돌려 화면을 응시한다. 처음에는 상대가 몇 번 더 말을 건다. 하지만 반응이 돌아오지 않자, 그 부탁은 점점 줄어든다.

이 두 사람의 공통점은 분명하다. 말로 싸우지 않았는데 상황이 달라졌다. 이럴 때 사람들은 이렇게 생각한다. ‘아무 말도 안 하면, 더 만만해 보이지 않을까’ ‘오히려 더 밀리는 거 아니야’ 하지만 실제로는, 어떤 관계에서는 반응이 바로 강화로 작동한다. 내가 길게 받아주고, 성실하게 응답하고, 감정까지 써 주면, 그 행동은 계속 반복될

가능성이 커진다.

심리학에서는 이런 현상을 '강화 소거'라고 부른다. 어떤 행동이 더이상 보상이나 반응을 얻지 못하면, 그 행동은 자연스럽게 줄어드는 경향이 있다. 은지 씨의 경우, 긴 하소연은 더이상 긴 반응을 얻지 못했고, 그래서 횟수가 줄었다. 민수 씨의 경우, 가벼운 부탁은 더이상 즉각적인 도움으로 이어지지 않았고, 다른 방향을 찾게 된다. 그러면 사람들은 이렇게 생각한다. '아, 이 방식은 더이상 통하지 않는구나'

여기서 중요한 건, 침묵이 회피가 아니라는 점이다. 아무 말도 안 하고 도망치는 게 아니라 더이상 그 패턴에 연료를 주지 않는 선택에 가깝다. 많은 사람들이 이렇게 걱정한다. "그래도 한마디는 해야 예의 아니야?" "아무 반응도 안 하면 너무 차갑지 않을까?" 하지만 모든 상황에서 말이 가장 좋은 도구는 아니다. 어떤 관계에서는, 말이 오히려 그 관계의 패턴을 유지시키는 역할을 한다.

침묵은 무시가 아니라 선별된 반응이다. 무엇에 반응

할지, 무엇에는 반응하지 않을지를 고르는 것이다. 처음에는 이 방식이 꽤 불편하다.

괜히 내가 나쁜 사람이 된 것 같고, 관계를 망치는 것 같기도 하다. 하지만 몇 번만 경험해 보면, 아무 말 안 했는데도 상황이 정리되는 순간을 만나게 된다. 그리고 그때 알게 된다. 모든 경계가 말로만 세워지는 건 아니라는 걸. 어떤 관계는 설명으로 바뀌지 않고, 설득으로 멈추지 않고, 반응을 끊을 때 비로소 모양이 바뀐다.

침묵은 약한 선택이 아니다. 쓸데없는 싸움에 에너지를 주지 않겠다는 선택에 가깝다. 그리고 그 선택이 쌓일수록 관계는 내가 감당할 수 있는 크기로 다시 돌아오기 시작한다.

✦ 무례한 행동을 멈추게 하는 '무반응'의 힘

모든 자극에 대답할 필요는 없습니다. 특히 반복되는 무리한 요구에는 대화 대신 침묵으로 응수해보세요. 내 에너지를 아끼는 가장 품위 있는 방법입니다.

- 상대의 무리한 부탁에 조용히 내 할 일로 시선 돌리기.
- 불필요한 감정 쓰레기통 역할을 중단하고 "바쁘다"며 전화 짧게
  끊기.
- 상대가 선을 넘었을 때, 대꾸하지 않고 빤히 바라보며 상황을
  중단시키기.

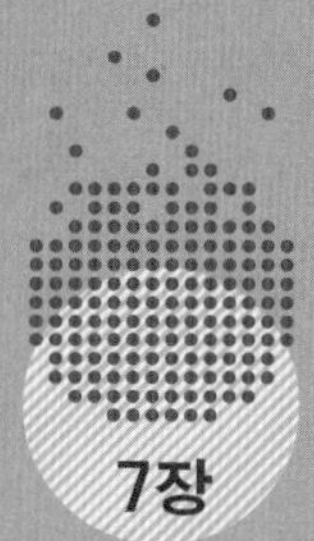

7장

나는 왜 나를 망가뜨리는 관계를
놓지 못하는가?

- 떠나는 걸 실패라고 배워왔기 때문이다

나를 힘들게 하는 관계를 놓지 못하는 이유는 과거의 불안과 두려움이 엉킨 트라우마나 상대를 바꿀 수 있다는 통제 환상 때문이다. 떠나는 것은 실패나 도망이 아니라 더이상 잃어서는 안 될 미래의 나를 위한 재투자이자 생존을 위한 선택이다. 외로움이 두려워 관계에 매달리는 불안 애착에서 벗어나 홀로 있는 근육을 키워야 하며, 사람들 속에 있으면서도 나를 지우는 정서적 고립을 경계해야 한다. 이제 관계의 무게중심을 타인의 기분에서 나의 에너지 상태로 옮겨와야 한다. 내 기준을 분명히 알고 그 위에서 관계를 선택할 때, 비로소 휘둘리는 구경꾼이 아닌 자기 인생의 주인공으로 돌아올 수 있다.

나는 이제 여기까지라고
분명히 말한다
- 선을 행동으로 옮긴다

윤아 씨는 몇 달째 같은 부탁을 받고 있었다. 처음에는 설명했고, 그다음에는 짧게 말했고, 어느 순간부터는 반응도 줄였다. 그런데도 그 부탁은 주기적으로 돌아왔다. 그날도 전화가 왔다. 윤아 씨는 이번에는 다르게 행동하기로 했다. 잠깐 숨을 고른 뒤 이렇게 말했다. "이 일은 더 이상 제가 맡지 않습니다" 상대는 놀란 듯 잠깐 침묵했다. 그 침묵의 시간이 천 년처럼 길게 느껴졌고 등에선 식

은땀이 흘렀다. "그래도 이번 한 번만…"이라는 말이 이
어졌지만, 윤아 씨는 말을 바꾸지 않았다. 통화를 끊고 나
니 가슴이 조금 두근거렸지만, 이상하게도 마음은 더 가
벼웠다.

상훈 씨는 회식 자리에서 늘 끝까지 남는 사람이었다.
몇 번이나 "오늘은 먼저 가겠습니다"라고 말했지만, 막상
시간이 되면 "조금만 더 있다 가자"는 말에 다시 앉곤 했
다. 그러다 어느 날, 그는 가방을 들고 일어섰다. "저는 여
기까지 하겠습니다" 누군가 웃으며 "에이, 한 잔만 더"라
고 말했지만, 상훈 씨는 웃으면서 고개를 저었다. 다리가
가늘게 떨렸지만, 그는 시선을 피하지 않고 문을 향해 걸
었다. 그리고 그대로 나왔다. 하지만 집에 가는 길에는 묘
하게 숨이 편해졌다.

이 두 사람의 공통점은 분명하다. 말로만 정리하던 선
을 행동까지 포함해서 완성했다. 많은 사람들은 이렇게
까지 해야 할까 망설인다. "말로는 이미 충분히 했는데"
"굳이 이렇게까지 딱 잘라야 하나" 하지만 말만 있고, 행

동이 따라오지 않으면, 관계는 이전 패턴으로 돌아가기 쉽다. 이유는 단순하다. 사람들은 결국 말이 아니라 반복되는 행동을 기준으로 관계를 조정하기 때문이다.

윤아 씨가 몇 번이고 "이번엔 어렵습니다"라고 말했을 때는, 그 말이 언젠가는 바뀔 수도 있는 말로 남아 있었다. 상훈 씨가 "오늘은 먼저 갈게요"라고 말하면서도 계속 자리에 남았을 때, 그 말은 습관적인 인사말에 가까웠다. 기준이 되는 건, 결국 어디까지 가고, 어디서 멈추는지였다.

그러면 사람들은 스스로를 이렇게 설득한다. "말은 했잖아" "나는 할 만큼 했어" 하지만 마음 한쪽에서는 이런 느낌이 쌓인다. "나는 아직도 같은 자리에 있구나"

여기서 많은 사람들이 두려워하는 건, 이 단계다. 말을 넘어서 행동으로 옮기는 순간, 관계가 달라질까 봐, 상대가 나를 불편해할까 봐. 그래서 경계는 종종 말의 형태로만 남는다. 하지만 관계는 말의 모양보다 반복되는 선택에 더 민감하다. 어디까지 들어주고, 어디서 멈추고, 어디서 자리를 뜨는지. 그게 쌓여서 내 자리가 된다.

윤아 씨가 전화를 끊었을 때, 상훈 씨가 자리를 나왔을 때, 그들은 상대를 이기려고 한 게 아니었다. 자기 기준을 더이상 미루지 않겠다는 선택을 한 것이다. 물론 처음 몇 번은 마음이 편하지 않다.

괜히 냉정해진 것 같고, 관계를 망친 것 같고, 집에 와서 한참을 곱씹게 된다. 하지만 몇 번만 지나고 나면, 다른 변화가 생긴다. 그 부탁은 더이상 예전만큼 쉽게 오지 않는다.

그 자리는 더이상 당연한 자리가 아니다. 그리고 무엇보다 내 하루가 조금 덜 소모된다. 여기서 중요한 건, 크게 바꾸는 게 아니다. 작게라도 말과 행동이 같은 방향을 가리키게 만드는 것이다.

"이번에는 어렵습니다"라고 말했으면, 정말로 그 일을 맡지 않는 것. "여기까지 하겠습니다"라고 말했으면, 정말로 그 자리에서 일어나는 것. 그렇게 몇 번만 해보면, 관계는 아주 천천히 새로운 기준에 적응하기 시작한다.

경계는 말로만 세워질 때는 쉽게 무너진다. 하지만 행

동이 같이 있을 때, 그 선은 비로소 자리를 잡는다. 그리고 그때부터 말은 더이상 나를 작게 만들지 않는다.

✦ 말과 행동의 주파수를 맞추는 경계 굳히기

경계는 입으로 긋고 몸으로 지키는 것입니다. 말이 내뱉어진 순간, 그 말이 실제 현실이 되도록 몸을 움직이세요.

"안 됩니다"라고 했다면, 더이상 상대의 설득을 듣지 않고 화제를 돌리거나 자리를 뜨세요.
"먼저 가겠습니다"라고 했다면, 가방을 챙겨 즉시 문으로 향하세요.
"맡지 않겠습니다"라고 했다면, 그 일과 관련된 연락에 더이상 답하지 마세요.

어떤 관계는
나를 계속 과거로 데려간다
- 나를 묶는 관계

은영 씨는 오랜 친구를 만날 때마다 묘하게 기운이 빠진다. 만나기 전에는 그래도 오래된 사이라고 스스로를 설득한다. 하지만 막상 만나고 돌아오는 길에는 어깨가 무겁고 머리가 멍하다.

대화는 늘 비슷하다. 은영 씨는 듣는 쪽이고 상대는 말하는 쪽이다. 중간중간 웃기도 하지만 집에 오면 마음 한쪽이 텅 빈 느낌이 든다. 왜 만날 때마다 이렇게 지칠까 스스로에게 묻지만 다음에 연락이 오면 또 나간다.

재호 씨는 연인과 다투고 나면 늘 같은 생각을 한다. 이 번엔 정말 그만둬야 하나. 그런데 막상 연락이 끊기면 가슴이 답답해지고 불안해진다. 상대에게서 먼저 연락이 오면 마음이 풀어진다. 다시 만나면 처음엔 괜찮은 것 같다. 하지만 얼마 지나지 않아 또 같은 말, 같은 표정, 같은 상황이 반복된다. 또다시 지치고 후회하고 그래도 놓지 못한다.

이 두 사람의 공통점은 분명하다. 그 관계는 지금의 나를 앞으로 데려가는 것이 아니라 예전의 자리로 계속 데려간다. 은영 씨는 그 친구를 만나면 늘 네가 좀 더 이해해야 한다는 말을 듣던 예전의 자리에 서 있다. 재호 씨는 그 연인 앞에서 늘 내가 더 참아야 한다는 쪽으로 기울어 있던 옛 패턴으로 돌아간다.

시간이 흘렀는데도 관계 안에서는 내가 자라지 않는다. 이럴 때 사람들은 이렇게 말한다. "그래도 정도 있고 추억도 있잖아. 그래도 이 사람만큼은 나를 잘 알잖아" 그래서 떠나지 못한다. 하지만 마음 한쪽에서는 이미 너무 오래 제자리걸음을 하고 있다는 걸 알고 있다.

심리학에서는 이런 관계를 '트라우마 결속'이라고 부른다. 과거의 불안과 위로, 상처와 안정이 같은 사람 안에서 묶여 버린 경우다. 힘들게 하면서도 동시에 놓기 어렵게 만드는 감정이 같이 저장된 상태다. 그래서 이 관계는 편안해서 유지되는 게 아니라 불안해서 놓지 못하는 관계가 되기 쉽다.

재호 씨가 그만두려고 할 때마다 가슴이 더 답답해지는 이유도, 은영 씨가 지치면서도 다시 약속을 잡는 이유도 지금의 관계 때문만은 아니다. 과거에 만들어진 감정의 고리가 아직 끊어지지 않았기 때문이다.

그렇게 되면 사람들은 관계를 이렇게 해석하게 된다. "관계는 원래 힘든 거야. 사랑이나 우정에는 원래 참는 게 포함돼" 그러다 보면 편안한 관계는 오히려 낯설게 느껴진다. 나를 안정시켜주는 사람보다 나를 더 긴장시키는 사람에게 더 많이 끌린다. 익숙한 감정이 안정처럼 느껴지기 때문이다.

하지만 이건 취향의 문제가 아니다. 신경계가 이미 익숙한 패턴에 반응하고 있을 뿐이다. 예전에 버티면서 유지했던 방식이 아직도 관계란, 이런 것이라고 몸에 남아 있는 것이다.

이렇게 살다 보면 관계는 계속되는데 나는 계속 소모된다. 만나고 나면 회복되는 게 아니라 더 지쳐 있다. 이야기하고 나면 정리되는 게 아니라 더 복잡해진다. 그런데도 이상하게 끊지 못한다. 그 이유는 단순하다. 이 관계는 나를 괴롭히기도 하지만 동시에 예전의 외로움과 불안을 잠시 잊게 해주기도 하기 때문이다.

그래서 마음은 이 관계를 문제이면서도 의지처로 같이 저장해 둔다. 여기서 필요한 건 관계를 당장 끊어내는 결심이 아니다. 대신 질문을 한 번 바꿔보는 것이다.

이 관계는 지금의 나를 더 잘 살게 하고 있는가 아니면 계속 예전의 자리로 데려가고 있는가. 많은 경우 답은 이미 마음 한쪽에 있다. 트라우마 결속의 관계는 나를 성장

시키지 않는다. 다만 익숙한 고통 안에 머물게 할 뿐이다. 그리고 그걸 알아차리는 순간부터 사람은 비로소 이 관계를 버텨야 할 인연이 아니라 다시 생각해 봐야 할 관계로 보기 시작한다. 떠나야 할지 말지는 그 다음 문제다. 하지만 적어도 이 관계가 나를 어디로 데려가고 있는지는 정직하게 볼 수 있게 된다.

✦ 과거의 늪에서 현재의 나를 지켜내는 질문들

익숙한 고통을 '사랑'이나 '의리'로 착각하지 마세요. 몸의 신호에 집중하며 대화의 방향을 현재로 돌려놓아야 합니다.

"이 사람과 대화할 때 내 몸은 이완되어 있는가, 아니면 과거의 상처를 방어하느라 경직되어 있는가?"
"우리의 대화는 5년 전과 지금, 무엇이 달라졌는가?"
"지금의 내가 가장 원하는 것은 무엇인가?" (과거의 미련이 아닌 현재의 필요성 확인)

끝까지 바뀌지 않는
사람도 있다
- 안 바뀌는 사람은 안 바뀐다

희진 씨는 남편과 싸울 때마다 같은 말을 한다. "당신이 이것만 좀 고쳐주면 정말 괜찮아질 것 같아" 그 말은 십 년째 반복되고 있다. 그동안 남편은 몇 번 고개를 끄덕였고 몇 번은 미안하다고 했다. 그리고 며칠은 조심했다. 하지만 얼마 지나지 않아 다시 예전으로 돌아왔다. 그래도 또 말한다. 이번엔 진짜로 달라질 수도 있으니까.

준수 씨는 오래된 친구와의 관계를 정리하지 못한다.

그 친구는 늘 약속에 늦고 변명을 한다. 몇 번이나 진지하게 이야기했다. 그때마다 친구는 "앞으로는 꼭 바꿀게"라고 말한다. 그리고 또다시 같은 일이 반복된다. 준수 씨는 약속 장소에서 기다리며 휴대폰을 몇 번이나 들여다본다. 그래도 다음 약속을 또 잡는다. 이번에는 다를지도 모른다는 생각 때문이다.

이 두 사람의 공통점은 분명하다. 상대를 바꾸려는 기대가 관계를 계속 붙잡고 있다. 이럴 때 사람들은 이렇게 말한다. "이번엔 진짜 알았을 거야. 이번엔 다를 수도 있잖아" 그래서 또 한 번 기다리고 또 한 번 설명하고 또 한 번 기회를 준다. 하지만 결과는 자주 같다. 잠깐 달라진 것처럼 보이다가 다시 원래대로 돌아간다.

심리학에서는 이런 마음을 '통제 환상'이라고 부른다. 내가 충분히 말하고 애쓰면 상대가 바뀔 수 있을 거라는 믿음이다. 이 믿음은 희망처럼 느껴지지만 실제로는 내가 통제할 수 없는 영역까지 책임지려고 드는 마음에 가깝다. 희진 씨는 남편의 변화를 자신의 설득과 인내에 달려 있는 일처럼 느낀다. 준수 씨는 친구의 태도가 자기의 기다림과 이해에 달려 있는 것처럼 생각한다. 그래서 관계를 놓지 못한다. 놓는 순간 내가 덜 애쓴 사람이 되는 것 같기 때문이다.

냉정하게 보면 바뀌지 않는 건 노력의 양이 아니라 사람의 패턴인 경우가 많다. 어떤 사람은 사과는 하지만 행동은 바꾸지 않는다. 어떤 사람은 약속은 하지만 구조는 그대로 둔다. 그리고 그건 상대의 성격이 아니라 그 사람이 살아온 방식에 가깝다.

사람은 자기가 불편해지기 전까지는 잘 안 바뀐다. 주변 사람이 아무리 힘들어도 본인이 크게 불편하지 않으면 방식은 유지된다. 그래서 상대가 바뀌지 않는 건 내가 부족해서가 아니라 그 사람에게는 아직 바꿀 이유가 없기 때문인 경우가 많다. 이 사실을 받아들이는 건 꽤 아프다. 그러면 그동안의 기다림이 허무해 보이기 때문이다. 하지만 동시에 이걸 인정하지 않으면 관계는 계속 같은 자리에서만 맴돈다.

바뀌지 않는 사람을 붙잡고 있으면 관계는 이렇게 된다. 나는 계속 설명한다. 상대는 계속 약속한다. 그리고 아무것도 달라지지 않는다. 그 사이에 줄어드는 건 내 에너지와 시간과 기대다. 여기서 필요한 건 상대를 설득하는 새로운 방법이 아니다. 대신 이런 질문이다.

이 사람은 지금까지 정말 달라져 왔는가 아니면 늘 같은 자리로 돌아왔는가. 대답은 대부분 이미 알고 있다. 끝까지 바뀌지 않는 사람도 있다. 그건 잔인한 말이 아니라 현실에 더 가까운 말이다.

그리고 그 현실을 받아들이는 순간 사람은 비로소 다른 선택지를 보기 시작한다. 계속 고치려고 애쓰는 자리에서 내가 어디까지 함께할 수 있는지를 정하는 자리로 이동하게 된다. 관계는 상대를 바꾸는 싸움이 아니라 내 삶을 어디에 쓰겠는지를 정하는 문제에 더 가깝다.

✦ 변화를 거부하는 상대를 대하는 단호한 태도

상대의 변화는 당신의 소관이 아닙니다. 내가 바꿀 수 있는 것은 '상대가 바뀌지 않았을 때의 나의 행동'뿐입니다.

- '이 사람은 변하지 않을 수도 있다.'는 가능성을 인정하고 대화를 멈추세요.
- 상대를 고치기 위해 쓰는 에너지를 '내가 편해지는 방법'으로 돌리세요.
- "이 방식이 반복된다면, 나는 이 관계에서 이만큼의 거리를 두겠다."고 스스로 결심하세요.

떠나는 건 도망이 아니라
나를 살리는 선택이다
- 떠남의 재정의

지수 씨는 십 년 넘게 다니던 모임을 그만둘까 몇 년째 고민하고 있었다. 모임에 다녀오면 늘 기운이 빠지고 집에 오면 말수가 줄었다. 사람들 앞에서는 웃고 맞장구를 쳤지만 속에서는 늘 긴장하고 있었다. 모임이 있는 날이면 아침부터 몸이 무거웠다. 그래도 계속 나갔다. 오래된 인연이라는 말이 마음을 붙잡고 있었기 때문이다. 어느 날 모임을 다녀온 뒤 소파에 앉아 한참을 움직이지 못했다. 머

리는 멍했고 가슴은 답답했다. 그날 처음으로 이런 생각을 했다. '내가 이걸 계속해야 하는 이유가 뭘까'

민호 씨는 몇 년째 이어진 연애를 끝내지 못하고 있었다. 다툼은 잦았고 대화는 늘 같은 자리에서 돌았다. 그래도 그는 관계를 놓는 순간 그동안 버텨온 시간이 다 사라지는 것 같아 견딜 수가 없었다. 여기까지 왔는데 지금 그만두면 너무 허무할 것 같았다.

이 두 사람의 공통점은 분명하다. 떠나는 순간 잃는 것이 더 크게 느껴져서 계속 남아 있다. 관계는 점점 과거에 쓴 비용에 묶인다. 지금의 나에게 어떤 영향을 주는지는 뒤로 밀리고 이미 쏟아부은 시간과 정성이 기준이 된다.

사람은 이미 잃었다고 느끼는 것을 더 크게 보상하려는 쪽으로 판단을 기울인다. 그래서 손해를 줄이기 위해 계속 손해를 감수하는 선택을 하기도 한다. 지수 씨는 모임을 그만두면 지난 십 년이 허공으로 사라질 것 같았다. 민호 씨는 이 관계를 끝내면 그동안의 인내가 아무 의미가 없어진 것처럼 느껴졌다. 그래서 둘 다 지금의 소모보다 과거의 손실을 더 무겁게 느낀다.

이미 쓴 시간은 되돌릴 수 없다. 그걸 지키기 위해 앞으로의 시간을 계속 써야 할 이유도 없다. 여기서 많은 사람들이 이렇게 자신을 탓한다. "내가 너무 쉽게 포기하는 건 아닐까. 내가 책임감이 없는 사람처럼 보이지 않을까" 하지만 떠나는 건 포기가 아니라 방향을 바꾸는 선택에 가깝다. 잘못된 길로 오래 걸어왔다고 해서 끝까지 가야 하는 건 아니다.

사람들은 종종 이렇게 착각한다. 떠나면 다 잃는 것 같다고. 하지만 실제로는 남아 있을 때 더 많이 잃고 있는 경우가 적지 않다. 관계 안에 있을 때 웃는 시간보다 지치는 시간이 더 많다면 그 관계는 이미 나에게서 삶의 에너지를 빼앗고 있다. 떠난다는 건 관계를 부정하는 일이 아니다. 지금의 나를 더이상 그 자리에 쓰지 않겠다는 선택에 가깝다.

지수 씨는 결국 모임을 그만두었다. 처음 몇 주는 허전했다. 그런데 어느 순간 주말이 조금 편해졌다. 민석 씨도 관계를 끝낸 뒤 한동안 공허했지만 몇 달이 지나자 몸이 먼저 가벼워졌다는 걸 느꼈다. 이 경험이 말해주는 건 단순하다. 어떤 관계는 유지할수록 잃는 게 많아진다.

떠나는 건 도망이 아니다. 앞으로의 나를 지키는 방향으로 자리를 옮기는 일이다. 그리고 그 선택은 약함이 아니라 내 삶의 방향을 다시 잡는 힘에 가깝다.

✦ 손실에 대한 미련을 끊어내는 매몰비용 정리법

과거에 투자한 시간이 아까워 현재의 고통을 연장하지 말자. 오늘 당장 내가 잃고 있는 것이 무엇인지 숫자로 적어보자.

"이 관계를 유지하기 위해 내가 오늘 포기한 나의 '평화'는 몇 시간인가?"
"과거의 10년을 지키기 위해 내 소중한 내일의 하루를 또 버릴 것인가?"
"떠남은 낭비가 아니라 새로운 출발을 위한 재투자다."

혼자가 두려워서
나를 버리며 버텼다
- 외로움이 무서워서

세아 씨는 집에 돌아오면 먼저 휴대폰을 집어 든다. 특별히 할 일이 있어서가 아니다. 그냥 누군가와 이어져 있다는 표시가 필요하다. 메시지가 와 있으면 숨이 조금 놓인다. 아무것도 없으면 가슴이 먼저 내려앉는다.

TV를 켜 놓고 소파에 앉아 있어도 마음은 가만히 있지 않는다. 괜히 채팅 목록을 위아래로 훑고 누구에게 먼저 말을 걸까를 고른다. 그렇게 몇 분이 지나면 혼자 있다는 느낌이 더 또렷해진다.

정혁 씨는 약속이 없는 저녁이 오면 괜히 불안해진다. 해야 할 일은 있는데 손에 잡히지 않는다. 집 안이 조용해질수록 머릿속이 더 시끄러워진다. 누군가에게 전화를 걸까 하다가도 귀찮을까 봐 망설이지만, 정작 가슴 언저리는 답답하고 숨이 가빠진다. 그러다 결국 별로 내키지 않던 모임에 "나도 갈게"라는 메시지를 보낸다. 약속이 잡히는 순간 마음은 잠깐 편해진다. 하지만 다녀오고 나면 이상하게 더 지쳐 있다.

이들의 공통점은 분명하다. 관계가 필요해서가 아니라 혼자 있는 상태를 견디기 어려워서 사람을 찾는다. 마음은 관계를 진정제처럼 쓰기 시작한다. 불안해질 때마다 사람을 찾고 허전해질 때마다 약속을 만든다. 문제는 그 불안이 사라지기보다 잠깐 가려질 뿐이라는 점이다.

심리학에서는 이런 패턴을 '불안 애착'이라고 부른다. 관계가 끊어질 가능성에 예민하고 혼자 있는 상태를 위험처럼 느끼는 경향이다. 그래서 관계가 편안한지 힘든

지는 그 다음 문제로 밀린다. 일단 혼자가 아닌 상태가 더 중요해진다. 세아 씨는 메시지가 없으면 마음이 가라앉지 않는다. 정혁 씨는 약속이 없으면 하루가 불안으로 길어진다. 둘 다 관계를 선택하는 것처럼 보이지만 실제로는 공백을 피하고 있는 것에 가깝다.

이 패턴이 반복되면 사람들은 점점 이렇게 행동한다. 불편한 자리도 나간다. 내키지 않는 만남도 유지한다. 상대의 말에 맞춘다. 그렇게 하면 혼자가 되는 순간을 늦출 수 있기 때문이다. 하지만 그 대가는 분명하다. 관계는 이어지는데 나는 점점 얇아진다. 하고 싶은 말이 줄고 싫은 걸 싫다고 말하는 감각도 흐려진다. 사람들 사이에 있었는데도 집에 오면 더 비어 있는 느낌이 든다.

이건 성격의 문제가 아니라 안전감의 문제에 더 가깝다. 혼자 있어도 괜찮다는 감각이 약할수록 사람은 관계에 더 빨리 매달린다.

불안 애착의 핵심은 이것이다. 관계를 잃는 게 두려워서 관계 안에서 나를 먼저 줄인다. 그리고 나를 줄일수록 그 관계는 더 절실해진다. 악순환이다. 여기서 필요한 건 더 좋은 사람을 찾는 일이 아니다. 더 많은 관계를 만드는 일도 아니다. 대신 혼자 있는 상태를 조금씩 견디는 연습이다. 연습이 필요하다.

저녁에 아무 약속 없이 집에 있어보기. 괜히 메시지를 보내고 싶은 충동을 조금 미뤄 보기. 그 불안이 실제로 나를 망가뜨리지 않는다는 걸 몸으로 확인해 보기. 처음에는 그 시간이 길고 불편하다. 가슴이 답답하고 마음이 들뜬다. 하지만 몇 번만 지나고 나면 알게 된다.

혼자 있는 시간이 생각보다 위험하지 않다는 것. 이 경험이 쌓일수록 관계는 조금 덜 절박해진다. 누군가를 선택할 때도 불안을 피하기 위해서가 아니라 함께 있고 싶어서 고르게 된다.

혼자가 두려워서 나를 버리며 버텨 온 시간은 이제 조금씩 혼자 있어도 무너지지 않는 연습으로 바뀔 수 있다. 그리고 그때부터 관계는 매달리는 대상이 아니라 선택하는 대상이 된다.

✦ 홀로 있는 근육을 키우는 연습

혼자 있는 시간은 고립이 아니라 '충전'의 시간입니다. 불안이 찾아올 때 휴대폰을 내려놓고 내 몸의 감각에만 집중해보세요.

- 하루 중 단 10분이라도 휴대폰을 끄고 오롯이 혼자 있어보기.
- 불안이 올라오면 "지금 내 몸이 변화에 적응하는 중이야."라고 말해주기.
- 혼자서 할 수 있는 아주 작은 즐거움(좋아하는 차 마시기, 명상 등)을 하나씩 늘려가기.

사람은 많아도
내 자리가 없을 수 있다
- 관계의 착각

영주 씨는 일주일에 몇 번씩 사람을 만난다. 점심 약속도 있고 저녁 모임도 있다. 일정표는 늘 차 있다. 그런데 집에 돌아오면 이상하게 말이 없다. 시끌벅적했던 소음 뒤의 정적이 마치 물속에 잠긴 듯 아득하고 먹먹하게 느껴진다. 오늘 누구를 만났는지는 기억나는데 오늘 내가 무슨 얘기를 했는지는 잘 떠오르지 않는다. 생각해보면 대부분 다른 사람 얘기를 듣고 고개를 끄덕였을 뿐이다.

태현 씨는 모임에서 늘 분위기를 맞춘다. 누군가 말하면 웃어주고 적당히 반응해준다. 다들 태현 씨를 편한 사람이라고 말한다. 그런데 집에 돌아와 샤워를 하고 나면 묘한 허전함이 남는다. 가슴 안쪽이 뻥 뚫린 듯 찬바람이 인다. 사람들 사이에 있었는데 정작 나는 거기에 없었던 느낌이다.

이 두 사람의 공통점은 분명하다. 사람들 속에 있었지만 자기 자리는 없었다. 이럴 때 사람들은 이렇게 말한다. "그래도 사람은 많잖아. 그래도 외로운 건 아니지" 하지만 마음은 알고 있다. 이건 외로움의 다른 형태라는 걸.

심리학에서는 이런 상태를 '정서적 고립'이라고 부른다. 혼자 있지 않아도 정서적으로 연결되어 있다는 느낌이 없는 상태다.

대화를 하고 웃고 시간을 보내지만 그 안에 내 마음이 들어갈 자리는 없는 상태다. 영주 씨는 늘 들어주는 역할이다. 태현 씨는 늘 맞춰주는 역할이다. 그러다 보니 관계는 유지되지만 자기 얘기는 점점 사라진다.

그러면 사람들은 점점 이렇게 느끼게 된다. "내가 없어도 이 자리는 잘 돌아갈 것 같아. 내가 빠져도 아무도 크게 티를 안 낼 것 같아" 그리고 그 생각은 마음을 더 뒤로 물린다. 더 조심해지고 더 무난해지고 더 안전한 말만 하게 된다. 그러다 보면 관계는 계속되는데 나는 점점 희미해진다.

사람은 누구나 자기 자리가 느껴지는 관계를 필요로 한다. 조금 서툴게 말해도 괜찮고, 조금 조용해도 어색하지 않고, 굳이 웃기지 않아도 되는 자리 말이다.

그런 자리가 없으면 사람은 계속 사람들 사이를 떠돈다. 모임은 늘어나는데 쉴 곳은 없는 상태가 된다. 정서적 고립은 사람 수의 문제가 아니다. 연결의 깊이 문제다. 열 명과 얕게 이어져 있는 것보다 한 명이라도 마음을 내려놓을 수 있는 쪽이 덜 외롭다.

하지만 이런 관계는 가만히 있으면 생기지 않는다. 늘 괜찮은 사람 역할만 하면 이런 관계는 만들어지기 어렵다. 왜냐하면 아무도 내 속을 알 기회가 없기 때문이다.

영주 씨와 태현 씨에게 필요한 건 더 많은 약속이 아니다. 대신 조금 불편해도 자기 이야기를 한 번 꺼내보는 자리다. 항상 무난한 사람 말고 가끔은 힘든 사람으로 있어도 되는 자리다.

처음에는 어색하다. 괜히 분위기를 깨는 것 같고 이상한 사람이 되는 것 같기도 하다. 하지만 몇 번만 해보면 알게 된다. 이야기를 꺼냈는데도 관계가 무너지지 않는 경험이 쌓이기 시작한다. 그 경험이 쌓일수록 사람은 더 이상 사람들 속에서 사라지지 않는다.

관계 안에 있으면서도 자기 자리를 유지할 수 있게 된다. 사람은 많아도 내 자리가 없을 수 있다. 그건 사람이 부족해서가 아니라 내가 머물 수 있는 자리를 아직 만들지 않았기 때문이다.

그리고 그 자리는 더 많은 사람 속에서가 아니라 조금 더 나로 있어도 되는 관계 안에서 생긴다.

✦ 사람들 속에서 '나'를 잃지 않는 법

고개를 끄덕이는 리액션 대신 아주 짧더라도 나의 진짜 감정을 섞어보세요. 내 자리는 내가 말을 꺼낼 때 생기기 시작합니다.

"나도 그런 경험이 있는데, 사실 그때 나는 좀 속상했어."
"다들 괜찮다고 하지만, 나는 솔직히 조금 걱정이 돼."
"오늘 내 이야기도 조금 들어줄 수 있을까?"

이제 나는 더이상
휘둘리지 않는다
- 나의 자리로 돌아온다

윤아 씨는 예전에는 늘 약속을 먼저 맞췄다. 누가 부르면 일정부터 바꾸고 누가 부탁하면 일단 받아들였다. 그럴 때마다 가슴 한쪽은 억울함으로 매번 달아올랐었다. 그러다 보면 하루가 끝날 때 늘 같은 생각이 들었다. '오늘은 또 내 하루가 어디로 갔지' 어느 순간부터 스스로에게 묻기 시작했다. '내가 진짜 하고 싶은 건 뭐지'

성진 씨는 모임에서 늘 분위기를 맞추는 역할이었다.

웃기고 받아주고 중간에서 정리했다. 집에 돌아오면 묘하게 텅 빈 느낌이 들었다. 누구와 있어도 나라는 사람이 거기에 있었는지 잘 모르겠었다.

이 두 사람의 공통점은 분명하다. 관계 안에서 자기 자리가 어디인지 점점 모르게 되었다. 그동안은 이렇게 살아왔다. 맞추면 관계가 유지되는 줄 알았다. 참으면 어른스러운 줄 알았다. 그러다 보니 관계는 남았는데 나는 점점 희미해졌다. 결국 이 질문으로 모인다. "나는 지금 어떤 자리에서 사람을 만나고 있는가"

트라우마 결속의 관계에서는 과거의 나로 돌아갔고, 바뀌지 않는 사람 앞에서는 희망으로 버텼고, 떠나야 할 관계 앞에서는 이미 쓴 시간을 붙잡았고, 불안 애착 안에서는 나를 줄이며 관계를 지켰고, 사람이 많아도 내 자리가 없어서 더 외로웠다. 이 모든 패턴의 공통점은 하나다. 관계가 기준이었고, 나는 뒤에 있었다.

심리학에서 말하는 '정체성 재구성'이란 거창한 게 아니다. 내가 어떤 사람인지 다시 떠올리는 일이다. 무엇을 좋아하는지 무엇이 힘든지 어디까지 괜찮은지 어디서부터는 싫은지. 이걸 다시 묻기 시작하면 관계는 조금씩 달라진다.

윤아 씨는 약속을 잡기 전에 먼저 자기 일정을 본다. 가능하면 가고 힘들면 다음에 가겠다고 말한다. 성진 씨는 모임에서 가끔 조용히 있는 연습을 한다. 모두를 맞추지 않아도 자리가 유지된다는 걸 조금씩 경험한다.

처음에는 불안하다. 혹시 사람들이 멀어질까. 혹시 내가 이기적인 사람처럼 보일까. 하지만 몇 번만 해보면 다른 걸 알게 된다. 나를 지키고 나와도 관계는 생각보다 쉽게 무너지지 않는다는 것. 그리고 몇몇 관계는 내가 변하면 자연스럽게 정리된다는 것. 그건 실패가 아니다. 내 자리에 맞지 않던 관계가 제자리로 돌아간 것에 가깝다.

관계는 나를 증명하는 장소가 아니다. 내가 나로 있을 수 있는 공간이어야 한다. 이제 더이상 휘둘리지 않는다는 건 아무에게도 상처받지 않는 사람이 된다는 뜻이 아니다. 내 기준을 알고 그 기준에서 움직이는 사람이 된다는 뜻에 가깝다. 그렇게 살기 시작하면 관계는 줄어들 수도 있다. 하지만 남는 관계는 더 가볍고 더 숨 쉬기 편해진다. 그리고 그때 비로소 사람은 관계 속에서 길을 잃는 사람이 아니라 자기 자리에서 관계를 선택하는 사람이 된다.

관계를 바꾸기 전에 내가 서 있는 자리를 먼저 되찾는 것. 그 자리를 찾는 순간부터 사람은 조금씩 휘둘리는 쪽이 아니라 선택하는 쪽으로 이동하기 시작한다.

✦ 휘둘리지 않는 나를 위한 마지막 약속

관계의 무게중심을 밖에서 안으로 가져오세요. 내가 흔들리지 않을 때, 관계는 비로소 나를 존중하기 시작합니다.

- 타인의 기분보다 나의 '에너지 상태'를 먼저 살피기.
- 사과할 일이 아닐 때는 절대 미안하다고 말하지 않기.
- "나는 나를 지킬 권리가 있다."는 사실을 매일 아침 거울 앞에서 선언하기.

관계를 망치지 않으면서 나를 지키는 단호한 문장의 힘

무례함이 선을 넘을 때 즉각 꺼내는 단호한 문장 63

박형석 지음 | 값 17,000원

상담과 실무 현장에서 마주한 '선을 넘는 말의 패턴'을 분석해, 감정적으로 폭발하지 않고도 대화의 규칙을 다시 세우는 언어를 제시한다. 이 책은 일상과 직장, 가족 관계에서 실제로 자주 벌어지는 무례한 장면을 한데 모아, 흔들리는 마음을 붙잡아줄 63개 핵심 대처 문장을 엄선했다.

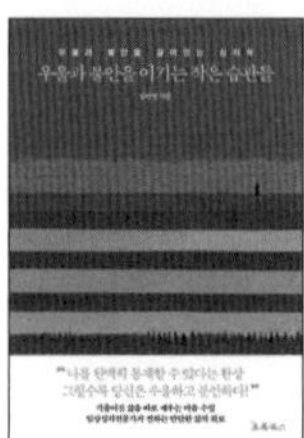

우울과 불안을 끌어안는 심리학

우울과 불안을 이기는 작은 습관들

임아영 지음 | 값 18,000원

임상심리전문가로 활동해온 저자는 우울과 불안이 위험에 대비하고 삶에 대한 성찰을 돕는 '적응적 기능'을 지녔다고 주장한다. 그는 이 책에서 '우울'과 '불안'이 발생하는 메커니즘을 설명하면서 그것을 대하는 인식의 변화를 촉구한다. 살아가는 동안 다양한 실패의 경험을 받아들이면서 균형을 찾는 게 가장 중요하다. 이 책을 통해 현실에서의 긍정성을 찾고 긍정과 부정 사이에서 삶의 균형을 맞추는 법을 배워보자.

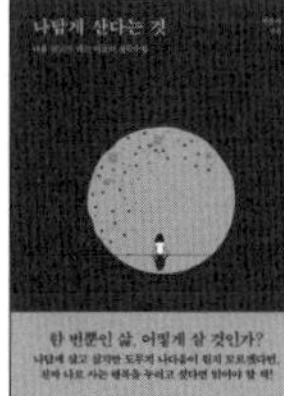

나를 찾고자 하는 이들을 위한 철학수업

나답게 산다는 것

박은미 지음 | 값 19,000원

철학커뮤니케이터이자 철학박사인 저자는 나에게 가족이 미친 영향, 주로 의존하는 방어기제, 나의 원정서 등을 찾아 그동안 해결하기 어려웠던 마음의 문제를 해소하고 진정한 나다움을 찾을 수 있도록 돕는다. 이 책을 통해 '가짜인 나'의 모습으로 사는 것이 왜 불행한지, '진짜인 나'의 모습으로 사는 것이 왜 행복한지를 사유하게 됨으로써 '진짜 나'의 모습으로 사는 행복을 누릴 수 있을 것이다.

사는 게 불안하고 외롭다면 애착 때문이다

나는 내 안의 애착을 돌아보기로 했다

오카다 다카시 지음 | 이정은 옮김 | 값 17,000원

특별한 이유 없이도 삶이 고단한 현대인들을 괴롭히는 근본적인 요인은 무엇인가? 바로 '애착장애'다. 애착이 불안정하다는 것은 단순히 심리적으로 인생을 비관하는 것만을 의미하지 않는다. 스트레스나 불안에서 벗어나기 위한 체계가 제대로 기능하지 않는다는 뜻이다. 이 책을 통해 자신의 애착 상태를 점검해보고, 애착이 불안정하다면 주저하지 말고 대책을 세우고, 극복하기 위한 시도를 해보자.

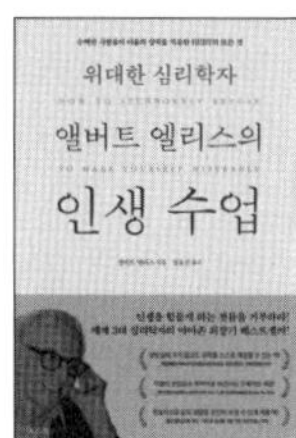

수백만 사람들의 마음의 상처를 치유한 REBT의 모든 것

위대한 심리학자 앨버트 엘리스의 인생 수업

앨버트 엘리스 지음 | 정유선 옮김 | 값 19,800원

세계 3대 심리학자인 앨버트 엘리스는 이 책에서 모든 정서적·행동적 문제의 근원이 '강박적인 당위적 사고'라고 말한다. 그러면서 자신과 타인, 삶의 환경에 스스로 부과한 '당위적 사고'를 찾아내 살펴보라고 조언한다. 이 책을 통해 자신과 비슷한 문제에 있는 상황과 자신의 심리적 문제 상황을 비교해보고 나의 부정적인 생각, 감정, 행동을 개선하는 데 도움을 받을 수 있을 것이다.

내 안의 나와 행복하게 사는 법

내면아이의 상처 치유하기

마거릿 폴 지음 | 값 19,800원

이 책은 자신을 사랑하고 치유하며 성장하고자 하는 이들을 위한 책으로, 주변 사람들과의 관계와 인생을 풍요롭게 해줄 수 있는 소중한 지혜와 전략이 가득하다. 이 책에서 제시하는 내면적인 유대감 형성 5단계 과정을 따라 해보는 것만으로도 곧 치유의 과정이 되어 상처받은 내면아이를 보듬고 사랑이 넘치는 삶을 살 수 있을 것이다. 이 책을 통해 더이상 혼자가 아니라는 기쁨을 느껴보자!

힘든 순간마다 철학이 건네주는 위로

사는 게 무기력하게 느껴진다면 철학

양현길 지음 | 값 18,000원

심리, 철학 주제로 10년 이상 도서 집필과 유튜브를 운영하고 있는 저자는 인생의 무의미함, 공허함 등 삶을 불행하게 만드는 요소를 철학적인 관점으로 다루고 삶의 의미를 고찰하고 해석해온 철학자들의 지혜를 담았다. 철학자들이 건네는 질문에 대해 고찰한다면 내가 원하는 방향의 의미 있는 삶을 살아갈 수 있을 것이다.

진짜 나로 살아가게 하는 니체 인생 수업

내 의지대로 살고 싶을 때 니체

양대종 지음 | 값 18,000원

저자는 니체 철학에 대한 배경 해설과 함께 우리의 삶과 연결한 사례를 제공해 누구나 일상에서 곧바로 실행할 수 있도록 실천적인 통찰로 이끈다. 니체는 삶의 위기 앞의 고통은 적이 아니라 나를 더 큰 가능성으로 이끄는 연료라고 말한다. 니체의 철학을 통해서 자신의 인생을 더 의미 있게 설계할 기회를 찾고 더욱 생명력 가득하게 살아가는 방식을 체득할 수 있을 것이다.